ちょっと遠くへ

おとなの遠足

竜田清子　勝瀬志保

海鳥社

遠足の文化

遠足に出かけ、てくてくと道を歩いていて、美しいと思う風景に出合うことは多い。そのたびにカメラのシャッターを押すのだけれども、撮りためたフィルムの無数のコマを見ていて気がついた。まず、道は人が歩いていないと様にならない。そして、生命力にあふれた自然と人の心が調和した風景が美しいのだと。

たとえば、巨勢《こせ》川の土手道（佐賀市金立町《きんりゅうまち》＝27諸富）だ。広々とした佐賀平野の真ん中、暴れ川に沿った一本道に、両側から木がのびのびと枝を伸ばす。向こうには天山から金立山に連なる山並みがかすむ。「どうして、この木だけなのだろう」と不思議に思って周りを巡る。それぞれの根元に小さな石仏が安置され、信仰の依り代なのだということがわかった。

たとえば、脇田《わいた》の田中の道（北九州市若松区＝扉）もすばらしい。不規則に並んだ水田の縁を角で曲がってつなぐので、右に左にくねくねと振れる。その造形がなぜかほほえましい。距離が長くなるのもいとわずに、この道を歩き継いできた地元の人々に共感する。

島原の北目道にしろ、阿蘇野にしろ、辺春《へばる》にしろ、昔からの道は点在する集落をつないでいた。それが新しく設計された道は人が暮らす場所をできるだけ遠ざける。人が出会い、互いの思いを交感し、文化を創る機能を失おうとしている。それは道が車と物しか運ばなくなった証なのかもしれない。

眼前に延びる道をどこまでも歩く魅力はもちろんだが、長い歴史の中で道という言葉に付帯された思想を見直すのもおもしろそうだ。道教、神道、武道、芸道、道場、道具、道理、道徳、道義、道楽、道化……。そういえば、哲学者や詩人、音楽家などの肖像画もよく戸外を歩く姿で描かれる。規則的な歩幅のリズムが思考を明晰にするからだろうか。右と左を一足一足交互に前に出せば、たった三〇センチの一歩が積み重なって、いつの間にかはるかな距離をつなぐ。

考えてみれば遠足は、現在生きているすべての世代が共有する数少ない経験の一つではないだろうか。義務教育の小学校の遠足では先生を先頭に、背の低い順に隊列を組んで、前に遅れじと一所懸命に歩いた。菓子の調達に始まり、ワクワクして眠れない前夜、誰といっしょに食べるか、弁当の中味は何か、ワイワイガヤガヤ一日中続くおしゃべり、楽しいことがたくさんあった。

今、一般的に使われている遠足という言葉の概念は、西欧文化が一気に民衆のレベルにまで浸透した明治の後半頃に定着したものらしい。具体的には、児童が少なかった当時、数校が合同で開いていた運動会の会場までの往復に始まった集団訓練を指したようだ。

その一方、国木田独歩が『武蔵野』の中で、「家弟を連れて多摩川の方へ遠足し」、夏目漱石の『坊ちゃん』も「同級生といっしょに鎌倉へ遠足し」ている。微妙なニュアンスで今の用法とはずれているような気がしないでもない。もともと日本には初詣で、お参り、物見遊山など遠歩きの概念がある。それに外来の隊列行進による集団訓練の意味が加わったとみたがいいだろう。自然観察、歴史探訪、施設見学、歩きながら学ぶことは多い。

十返舎一九が一八〇〇年代に書いた『続膝栗毛（二編下巻）』の中程に、「今日遠足どもいたして、たりがてい（太儀）所」と使っていた。平戸藩主の松浦清山が一八二〇年頃に書いた見聞書『甲子《かっし》夜話』には「又『余録』に載せ置し、寛政の始め遠足《とほあし》を命ぜられしことを復録す」と読みを替えて登場する。インターネットを覗いていたら、群馬県の安中市のホームページに目が止まった。

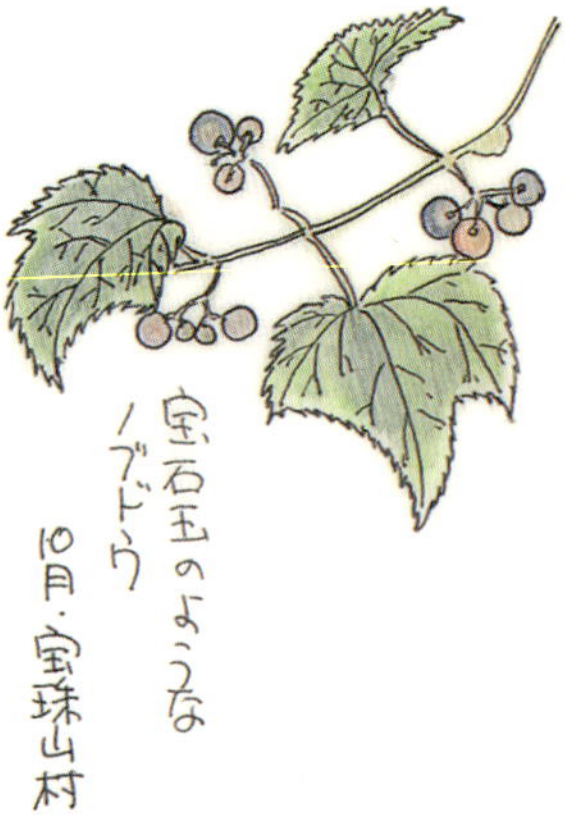
宝石玉のような
ノブドウ
10月・宝珠山村

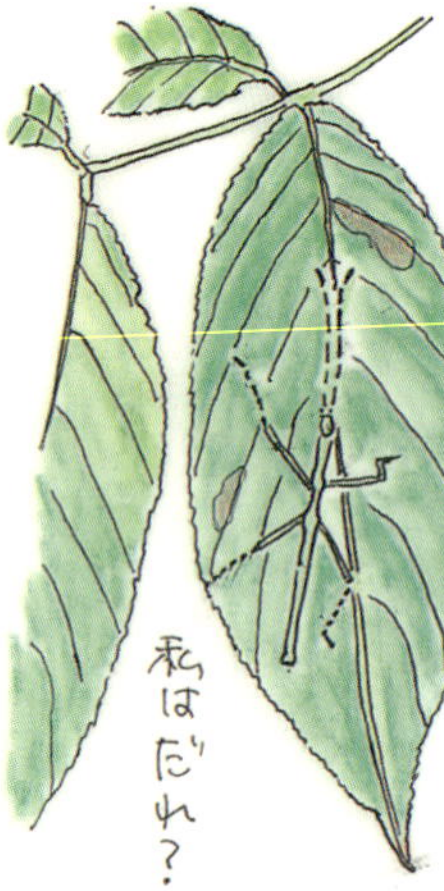
私はだれ？

砂糖菓子のような
ドクダミ
6月 花牟礼

緑の大地に散りばめた
イヌノフグリの宝石片
2月 筑後川

安政遠足《とおあし》。藩主の板倉勝明が一八五五年に、五十歳以下の藩士九十六名に七里の徒歩競争をさせたとある。

　さかのぼって戦国時代、島津掟書に現れる山坂歩行、後の山坂達者も同じもの。十四、十五歳の青年たちに「遠行の里程十里、即往復二十里にも至る。鶏鳴に出でて夜に入り帰る」と、心身の鍛錬、地理の習得が目的だったらしい。鹿児島では現在も山坂達者が遠足に似た意味で使われている。

　遠足をたぐって西欧に目を転じれば、二十世紀初頭にドイツで起こったユースホステル運動を軸にしたワンダーフォーゲルや、イギリス発祥のハイキングのイメージが重なる。「戦争ですさんだ子どもたちを野や山へ連れて行って心を開放してあげたい」という小学校教師、シルマンの思いがユース運動のきっかけだ。両国とも歩いて巡る道が国中、特に国立公園を中心に整備され、歩くための地図も充実している。追記すれば、その点で九州自然歩道は日本のほかの地域の先駆けとなっている。

　南フランスに住んでいた二年間、住居を起点に放射状に歩けるだけ歩いた。自分の足で歩いたおかげで、丘が連なる大陸の地形、ガリヤ時代からの歴史、農耕を基底にした暮らしぶりを五感で学んだ。腹がすいただろうとサンドイッチを作ってくれたおかみさん、道を尋ねたら

赤い実もかわいいけれど
カラスウリは シルクのレースの花もいいよ
7月 脊振南麓

スミレ三昧!! 白、紫、薄桃、4月 産山
アオイスミレ
キスミレ

杉林の中、
ヤブミョウガの群落に遭う
8月 英彦山

歩きながら、甘い香りごと
キイチゴを味わう
5月 笠原

シダにとまって
岩清水を飲む
ジャコウアゲハ
7月
豊前

大工仕事を放り出して分かれ道の辻まで送ってくれたお兄さん、迷っていたら車で拾って近くの町まで乗せて行き、カフェでご馳走してくれた漁師のおじさん、土地の人たちのやさしさに直接触れることができた。

車と人の住み分けがうまくいっているのか、街も田舎も歩いていて車に脅かされるということがない。そのフランスにも大規模徒歩旅行のための小径全国委員会なるものがあるらしい。

二編の『おとなの遠足』を取材するため、三年間で約九〇〇キロ歩いた。およそ九州一周に相当する。その経験からいえば、まず、空の下、草の上に座って食べる弁当はおいしい。帰りの乗り物の中での居眠りが気持ちいい。腹をすかせているので夕食もおいしい。風呂で筋肉をほぐし、さっぱり汗を流す。布団の中では夢も見ずに熟睡する。もちろん翌朝のトイレは爽快。

神経的なストレスは不眠症を招くが、体を適度に動かした疲労感は睡眠を導く。新しい企画を考えたり、人間関係で悩んだり、ものの見方が視野狭窄《きょうさく》になりはじめたら、外を歩けばいい解決法が見つかることは多い。おいしく食べられて、疲れがとれる眠り方ができて、排泄がうまくいっていれば、自分の身にこだわりがないので仕事に気持ちよく没頭できる。

とにかく体の下半分は全部足だ。もともと人間は足を十分に使って生きるように仕組まれている。十全に生きるための足の役割は大きいとみた。モニターを見つめる目よりも、悩み考える頭よりも、飲食を楽しむ消化器よりも、体に占める足の割合は大きい。近年、野蛮だとばかりにないがしろにしてきた足だけに、私たちが自信を取り戻すのは足からかもしれない。足で自立し、足で健康を維持し、足で私たちの生活を守りたい。

自らが暮らす地域の遠足にこだわる理由がもう一つある。福岡市内の道を歩く息苦しさに、「人が道を歩かなくなったら文化は閉塞する」という危機感を持つからだ。道は人と人、場と場、時と時を結ぶ経路なのだからもっと大切にしたい。

今回の『ちょっと遠くへおとなの遠足』は、前書『おとなの遠足』出版後、「読売新聞」、「日刊スポーツ新聞」、月刊「福岡2001」に連載したものに加筆してまとめた。取材の機会を与えてくれた読売新聞西部本社編集局文化部部長(当時)の久門《ひさかど》守さん、日刊スポーツ新聞福岡総局報道部次長の奴久妻《ぬぐつま》亮一さん、中森亮さん、福岡2001ディレクターの宮崎敬己さんに改めて感謝したい。

ちょっと遠くへ　おとなの遠足◉目次

遠足の場所

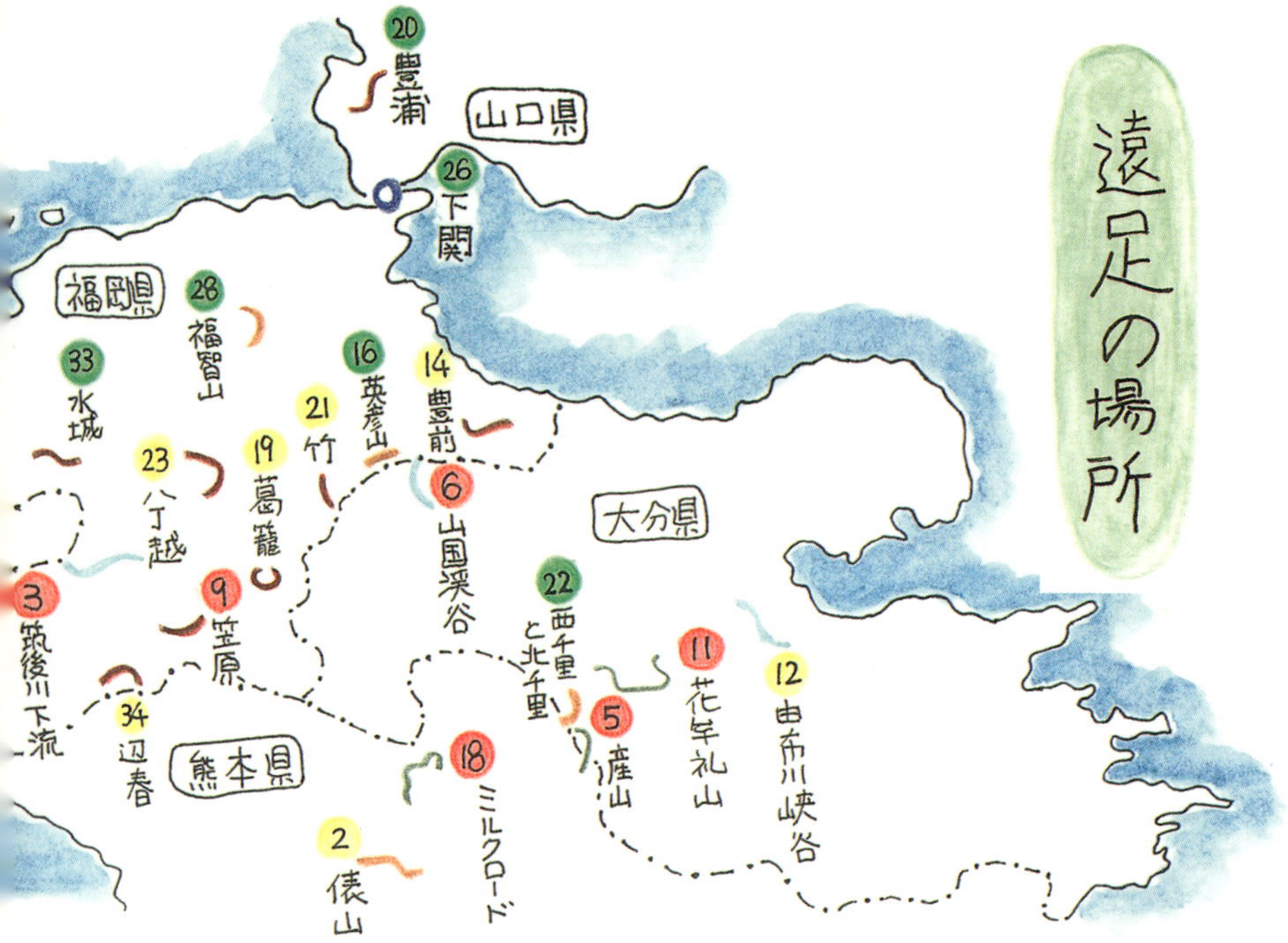
20 豊浦
山口県
26 下関
福岡県
28 福智山
33 水城
16 英彦山
14 豊前
21 竹
23 八丁越
19 葛籠
6 山国渓谷
大分県
3 筑後川下流
9 笠原
22 西千里と北千里
11 花牟礼山
12 由布川峡谷
5 産山
34 辺春
熊本県
18 ミルクロード
2 俵山

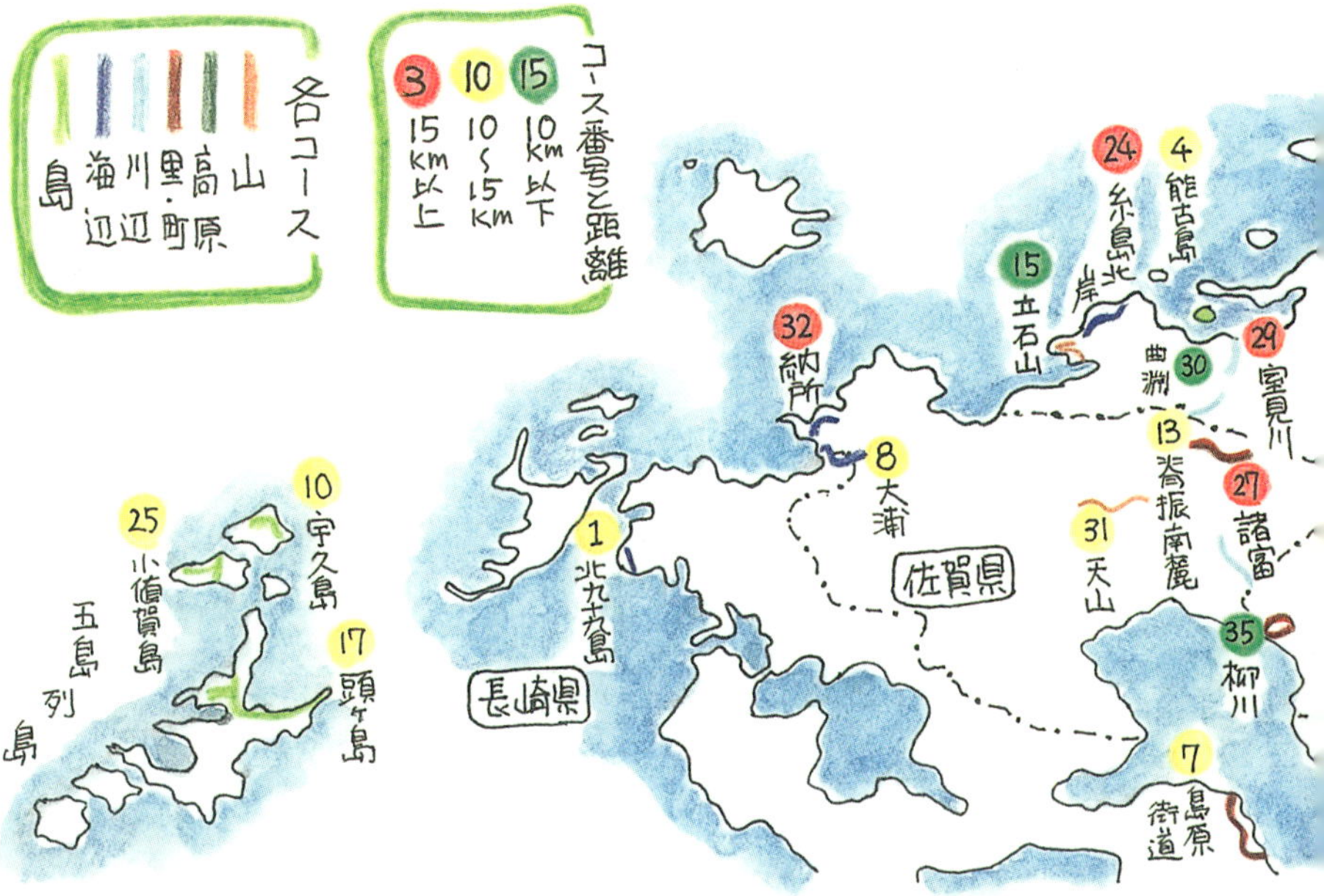

各コース
山
高原
里・町
川辺
海辺
島
コース番号と距離
15 10km以下
10 10〜15km
3 15km以上
24 糸島北岸
4 能古島
15 立石山
32 納所
30 曲渕
29 室見川
13 脊振南麓
8 大浦
27 諸富
31 天山
佐賀県
35 柳川
7 島原街道
1 北九十九島
長崎県
10 宇久島
25 小値賀島
17 頭ヶ島
五島列島

本書の活用法

本書の特徴

・遠足の場所を北部九州に分散させ、町中、人里、川辺、海辺、山などを、季節に応じて楽しめるように徒歩で結びました。

・体力、年齢、人数編成、居住地域に合わせて選べるように、道のりを四キロから二〇キロまで幅を持たせています。

・歩く速さは一キロおよそ二〇分を目安にしています。

絵地図

・上を北に固定し、歩く道筋は朱色で示し、土径は点線で、舗装道路は実線で描いています。

・全体図が捉えやすいように縮尺しているので距離は必ずしも等倍ではありません。

・迷いやすい分れ道はできるだけ枝道を書き入れました。

・本書を携帯すれば遠足が実現できるように細心の注意を払っています。

補足データ

・周辺の詳しい地図も併せて活用したい方のために、国土地理院の二万五千分の一の地図（大規模書店で入手可能）の索引名を列記しています。

・目的地へ到達するための公共交通機関の問い合せ先電話番号を添えました。

本書を参考に歩かれた感想、新しい遠足コースの提案や情報を左記へお寄せください。

〒８１０-００７４　福岡市中央区大手門３丁目１番３号９０１　おとなの遠足宛
E-mail/maneki@orange.ocn.ne.jp

ちょっと遠くへ

おとなの遠足

平原の民家の庭先で満開の梅見

長串山つつじ公園入口バス停➡90分➡褥崎カトリック教会➡40分➡矢岳漁港➡80分➡神崎漁港➡30分➡神崎鼻➡30分➡神崎入口バス停＝およそ14キロ

1 北九十九島　長崎県北松浦郡鹿町町《しかまち》－小佐々町《こさざ》

黒潮に乗って来る春を迎えに神崎鼻

三月上旬

神崎カトリック教会

おだやかな内海に浮かぶ北九十九島へ、暖かい黒潮が運んでくる春の小さな息吹を一足先に見つけに行こうとうきうきしながら計画を練る。中でも小佐々町の神崎鼻《こうざきばな》は東経一二九度三三分で日本本土最西端の地。まず鹿町町の長串山《なぐしやま》公園の高みから、うららかな陽光に照らされた北九十九島を眺め、最後に神崎鼻で海に傾いていく太陽を見送る。山と海の春の兆しに触れて、心も軽やかになりそうな気がしてきた。

　歩く道筋を決め、いっしょに遠足する仲間と連絡しあって、日にちを決めたのに天気が……ということは、野外を長時間にわたって歩く遠足ならではの切実な悩み。この季節だと朝から雨が降っていたら延期するのはもちろんだけれども、前もって週間天気予報や降水確率をにらみながら予定を組みたい。経験からいえば降水確率三〇パーセントが判断の目安のようだ。気持ちよく歩くためには、やはり天気がいいに越したことはない。

　また、目的地が遠い場合は、現地の遠足を十二分に楽しめるように、朝は可能な限り早く出発する。その分長

長串山公園から眺める
北九十九島の島姿、夕景もみごとらしい。
展望広場
芝生
公園は、つつじの名所でもある。
至鹿町町役場
江迎町
県道18号
スタート
西肥バス停
長串山つつじ
公園入口
長串免
あずま屋のある展望広場
長串山公園
233.6m
短いガードレールある
ここで右に折れる。
赤島
杉と竹の木立
アスファル道に沿って平原を抜けて県道へ出る
平原
トイレ
公民館
店
褥崎カトリック教会
入江を眺めながらウォーキングだ！
北九十九島
アオモジ（くすの木科）は葉より先に黄色の小さな花が咲く。春の息吹を感じる木だ。
鹿町町
小佐々町
平戸市
鹿町町
北九十九島
松浦市
佐賀県
長崎県
佐世保市
小佐々町
勝手大明神をまつっているから"勝手神社"。県道脇の鳥居から石段を下りて矢岳の集落へ近道する。
矢岳
矢岳免
黒い屋根に白のボディの矢岳簡易郵便局。あまりに小さいので印象深い！
カタクチイワシ漁が盛んな神崎の漁村風景が、好奇心をくすぐる。
前島
陸橋らしきもの
高漁水産冷凍庫の手前から右へ折れる
神崎入口バス停
ゴール
神崎
浅島
こうやって箱積みして乾燥させながら、煮干しイリコに加工する。
神崎カトリック教会
楠泊免
至小佐々町役場
佐世保市
日本本土最西端の記念碑
神崎鼻公園
神崎鼻
対岸から見ると教会の姿もまたちがう！

長串山公園の高みから北九十九島や平戸島を眺める

く乗る列車やバスの中で眠ればいいのだから、頑張って早起きしたい。というわけで佐世保まで京都始発の寝台特急あかつきに博多駅から乗り込んだ。肥前山口駅までレガートシートを予約。ここで長崎行きと佐世保行きに分かれるので、後ろの車輌に移動しなければならない。

　佐世保駅ではバスとの乗り換え時間が短く、あまり悠長にはしていられない。大通りを挟んだ右向かいにバスセンターはあるが、駅前のバス停にも止まるので、ちゃんとたどり着けば十分間に合う。バスが小佐々町に入ったあたりから車窓の景色を覚えておきたい。もし「日本本土最西端訪問証明書」が欲しければ、帰りに町役場の企画商工課を訪ねて発行してもらわなければならないし、神崎から先は歩いて戻る道のりなので、見覚えておけばおよその見当がつけやすい。

　バスを降りるのは長串山つつじ公園入口。ほんのちょっと引き返して山手に登る。といっても標高二〇〇メートルほどだから車道の坂はそう長くない。公園内は登れば登るほど、見える島々の数が増えるので、できれば、いちばん上の展望台を極めたい。春の陽差しにかすむ入り組んだ島影をしっかり脳裏に納める。北九十九島を高みから眺めるのはここだけ、後は海と同じ高さを歩いて行く。

　イベント広場まで戻って大観山へ通じる車道を南東へたどる。長串山を離れるあたりの二叉を右に、下の広場を過ぎた先の二叉を左に進む。平原の集落で貯水槽の手前を左に折れ、公衆トイレの手前を右に下ると、朝通ったバス道路の褥崎《しとねざき》。ちょっと後戻りして半島の付け根の斜面にそびえる褥崎カトリック教会に寄り道してもいい。

　バス道路に戻って、鹿町町と小佐々町の町境を越え、矢岳への下り道を探していたら、傑作な神社を見つけた。勝手神社。無人だったので確かめようもないが、今よく使う身勝手の意味ではなく、負け手、勝ち手からきた命

まだ少し寒いけど遠足すれば心も体も暖まる

日本本土最西端の碑

名なのではないだろうか。戦に勝ったので社を創建したのだろうと自分勝手に想像をたくましくする。石段を近道して矢岳漁港へ出る。港の際に、またしてもおもしろい郵便局を見つけた。まるで白いドールハウス、人一人入ったら満員になりそうなほどかわいらしい。カウンターの向こうで女性の郵便局員が一人、脇目も振らず仕事をしていた。免という地名も、石高なのか免税地なのか、興味引かれる。磯の香りが漂う漁村の生活道をすり抜け、神崎の半島の入口までバス道路でつなぐ。

　前島、蔞泊《とうどまり》島あたりはイリコ作りが盛んらしい。魚を水揚げする船着き場、乾燥工場、箱詰め広場がセットになってあちこちに点在する。乾燥機に入れる順番待ちなのだろう、網に広げられた小さなイワシが薄箱の棚に何段も重ねて置いてある。

　昼下がりですでに作業は終わったのか、船を片づける漁師さん、おしゃべりをしながら後始末をするおかみさんたちの手の動きはのんびりしたもの。それにしても途中何軒も目にした新築の大きな家はきっとイリコ御殿に違いない。

　岬の突端を回ったら、突然白いゴシック様式の天主堂が現れて驚いた。昭和五年に建てられた聖堂だが、平成十四年にもっと大きな教会に建て替わるとか。ミサの時間なのか三々五々と人が集まって来る。

　神崎漁港は南北から岬がせり出して外海を塞ぎ、狭まった入口前には浅島が波よけの衝立となり、その内海が再び三日月形に拡がった天然の良港のようだ。深く切れ込んだ入江をぐるりと回って日本本土最西端の神崎鼻に向かう。北に堤防が延びる最後の人家から先が神崎鼻公園で、展望広場まで幾筋か遊歩道が整えられている。途中から海側へ下りる急な石段が下り、突端に日本本土最西端の碑が立つ。帰りのバスの時間と相談しながら西に傾く夕陽を眺める。

　帰りは一キロ半ほど西の神崎入口からバスに乗る。「日本本土最西端訪問証明書」をもらうには、それからもう四キロほど西にある小佐々町役場に平日の五時前に滑り込まなくてはならない。

真正面に阿蘇山塊を望む久木野の集落

ダイナミック阿蘇

2 俵山《たわらやま》　熊本県阿蘇郡西原村－久木野村

三月中旬

阿蘇山が標高一五九二メートルの高岳を中心に円錐形にそびえ、いったん四〇〇メートルほどの谷に落ちて、再び一〇〇〇メートル前後の外輪山にせり上がる。この地形のダイナミズムは何度目の当たりにしても感動的。

外輪山の西の端に位置する俵山の標高は一〇九五メートル、南郷谷の水を集めて流れる白川でほんの少し輪が途切れる立野のすぐ南に、なだらかな山容を誇る。

ここを山越えする醍醐味は何といっても次々に急転する眺望。まず熊本空港や市街地、島原湾を振り返りながら西斜面を登る。高みからは北に連なる外輪山が少しずつ延びて久住山塊へつながり、硫黄山の煙でそれと知れる。気がつくと阿蘇山塊が眼前に迫って、山頂からは真下の南郷谷に豆粒のような集落、南に延びた外輪山のはるか彼方に祖母傾山塊がかすむ。最後に外輪山のそそり立つ壁を一気に下って、付録が気持ちいい久木野温泉というわけだ。

こんな具合に眺望がダイナミックに展開する場所を歩く時は、前もって周囲の地形をしっかり頭に叩き込んでおきたい。そのためには大まかな地図、たとえば小学校

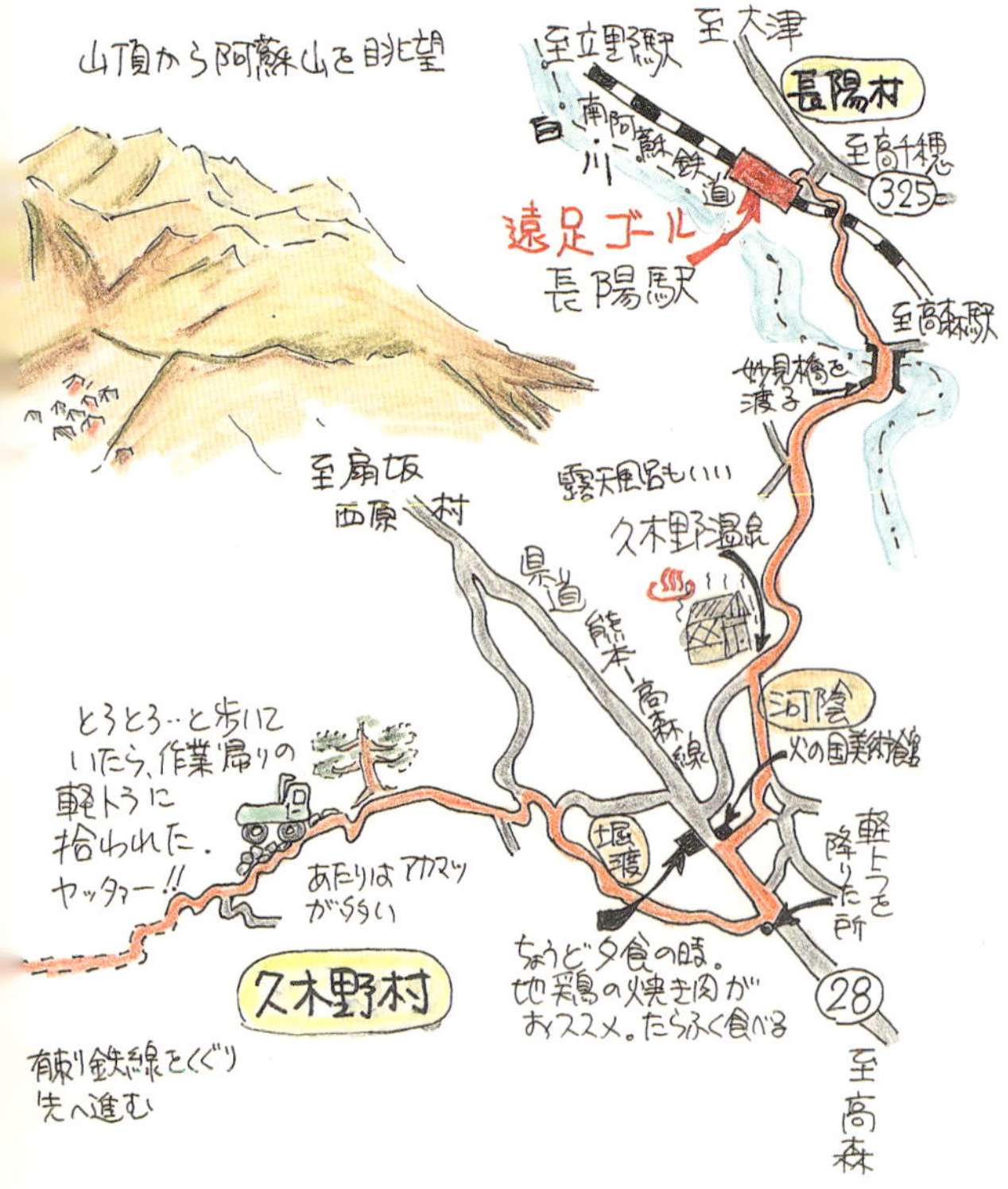

俵山交流館➡160分➡俵山➡30分➡護王峠➡90分➡久木野温泉➡40分➡長陽駅＝およそ10キロ

揺ヶ池の弁天様

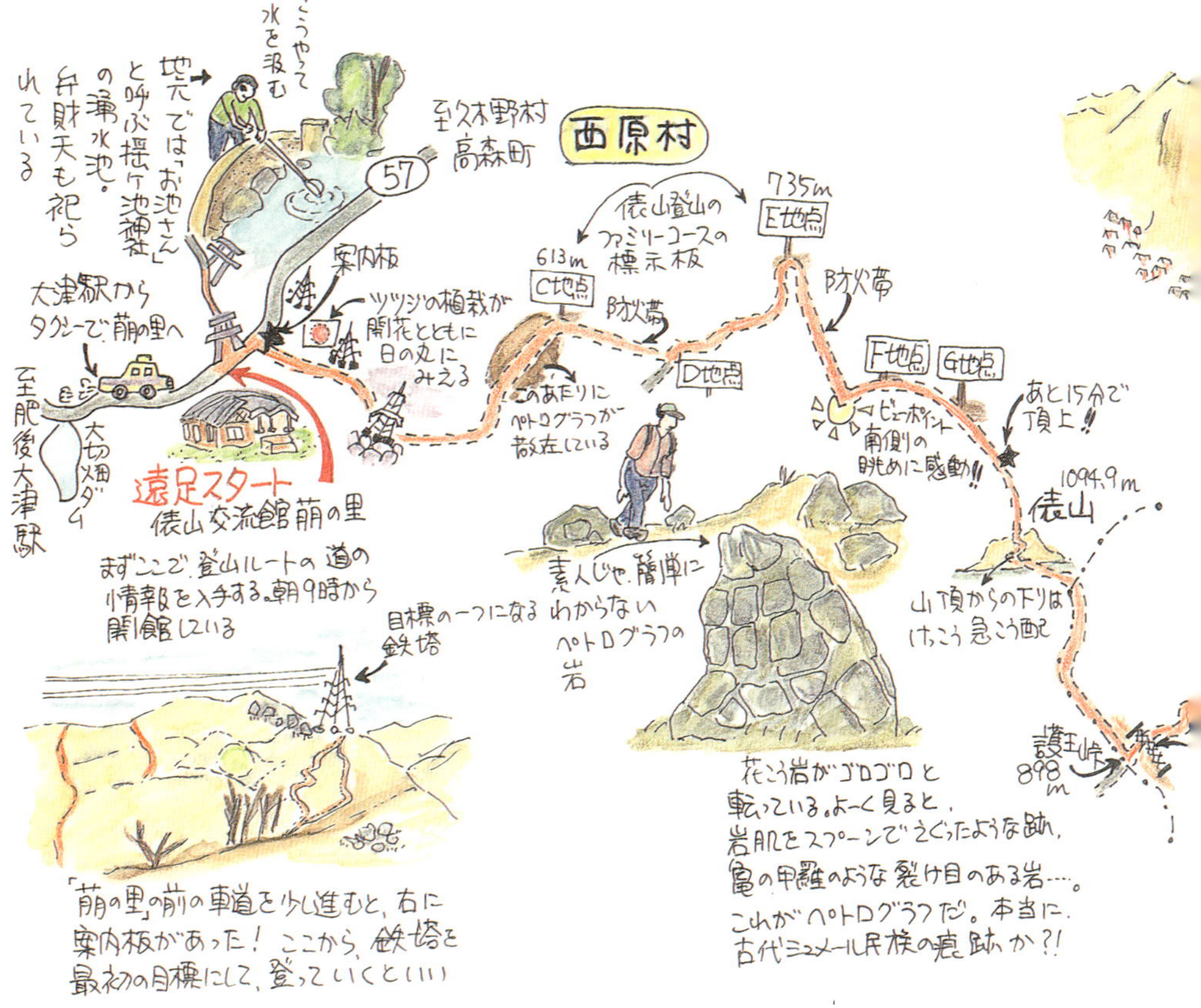

こうやって水を汲む
地元では「お池さん」と呼ぶ揺ケ池神社の湧水池。弁財天も祀られている
至久木野村
高森町
57
西原村
案内板
大津駅からタクシーで萠の里へ
ツツジの植栽が開花とともに日の丸にみえる
至肥後大津駅
大切畑ダム
遠足スタート
俵山交流館萠の里
まずここで、登山ルートの道の情報を入手する。朝9時から開館している
俵山登山のファミリーコースの標示板
613m
C地点
防火帯
D地点
735m
E地点
防火帯
F地点
G地点
このあたりにペトログラフが散在している
ビューポイント
南側の眺めに感動!!
あと15分で頂上!!
1094.9m
俵山
山頂からの下りはけっこう急こう配
護王峠
898m
素人じゃ、簡単にわからないペトログラフの岩
目標の一つになる鉄塔
「萠の里」の前の車道を少し進むと、右に案内板があった! ここから、鉄塔を最初の目標にして、登っていくといい
花こう岩がゴロゴロと転っている。よーく見ると、岩肌をスプーンでえぐったような跡、亀の甲羅のような裂け目のある岩……。これがペトログラフだ。本当に古代シュメール民族の足跡か?!

ペトログラフの混じる岩場にさしかかる

教材用のような広範囲の地図が位置関係がわかりやすい。阿蘇と外輪山の関係、九重や祖母の方角、熊本市内と海の位置など、およそ知っていれば、現地に立った時にすぐ想像がつく。それからおもむろに小さなコンパスをポケットから取り出し、二万五千分の一の国土地理院の地形図を見ながら正確な自分の位置を割り出す。

当日、出発地点に到達するまでの時間と費用の節約バランスを考えると、ＪＲ豊肥本線の肥後大津《おおづ》駅前からタクシーで山すその俵山交流館萌《もえ》の里に直行するのが一番。途中の山西小学校まで路線バスはあるけど、それから登山口まで約三キロを歩き継がなければならない。

タクシーを降りたら、いきなり道草をして反対側の森に入り、揺ケ池《ゆるぎがいけ》の名水を水筒に詰める。開いたばかりの俵山交流館でペトログラフ＝古代文字の知識を仕入れたら、ツツジで形どった日の丸を目指して草山にとりつき、送電線の鉄塔を行き過ぎる。

まもなく花崗岩がゴロゴロした地点にさしかかるが、この岩のいくつかにペトログラフが刻まれているとか。聞きかじりの知識で講釈すると、ざっと四千五百年ほど前、海を渡って来たシュメール系の民族が彫ったものではないかといわれている。

シュメール人とはメソポタミア文明を築き、くさび形文字を創った人たち。俵山にはスプーンでえぐったようなくぼみや、亀の甲羅のような裂け目が入った岩があるらしい。くぼみはカップ・アンド・リングマークと呼ばれて、大地の女神を表現したもの、亀石は祭壇に使われたのではと推測されている。日本全国で六百五十カ所、三千二百点ほど見つかっていて、その中でも熊本は六十カ所、約百点と、発見された数が多い。

一体どれがその文字なのかとあれこれ詮索しているうちに通り過ぎてしまった。草地を離れて尾根道に出る。しばらく続く林道を進むと、植林を右と左に分ける幅の広い防火帯。まるで巨大な

俵山頂上は九重，祖母まで360度の見晴らし

久木野温泉で阿蘇山を眺めながらゆっくり筋肉をほぐす

バリカンで林を刈ったような帯になっている。所どころ人の踏み跡が段になっているだけで傾斜はかなり急、軍手をはめて手をつきながら確実に登ろう。こわごわ後ろを振り返ると偶然、豊肥本線の立野あたりだろうか、北外輪山の斜面に張りついた列車がスイッチバックで折り返していた。

途中、アセビの花が咲いているかと思えば、日陰に氷柱《つらら》が下がっていたり、まだまだ阿蘇は春と冬の境目らしい。草が枯れて倒れている分だけ、登山道は見分けやすい。再び潅木の中を進むと、やがて青空の中に突出した俵山の頂上にたどり着く。美しい形はその中からよりも、少し離れて遠目に見た方が捉えやすい。つまり俵山は阿蘇を眺める最適な展望所。ここで弁当を開き、雄大な光景を時間をかけて網膜に焼きつける。

頂上の東縁を見下ろすと、長くないけれど先ほどの防火帯に負けないほどの急斜面。ズボンの汚れが気にならなければ、尻をついて滑った方が楽かもしれない。ただし、運が悪ければ枝に引っかけて布が破れないとも限らない。草地をひと丘越えて護王峠、有刺鉄線の柵のある左の方へ折れて迷いそうな細い山道を下る。

やがて簡易舗装の作業道路に出たら、後は久木野の村までヘアピンカーブをひたすら歩くだけと覚悟を決める。ところが、ちょうど夕方だったので山の伐採作業を終えた軽トラが横で止まって、「乗っていかんね」と親切な申し出をしてくれた。急な山道を下って足が痛かったし、これを逃す手はないとほんの少しズル。おかげで主要地方道28号線と交わる堀渡まで徒歩なら三十分のところを五分で着いてしまったから、温泉が二十五分だけ余計に楽しめそうだ。

28号沿線に店を構える山水苑でおいしい地鳥の焼き肉を空きっ腹に詰め込む。少し歯ごたえのある、味のしっかりした鶏肉を久々口にした。

大きな車道を下って久木野温泉木の香湯に到着。さっそく四百円の入浴券を買って、広々とした湯舟に浸かる。冷えた体を内湯で温めてから、露天風呂へ移動。真正面に阿蘇の山塊、清々しい山の大気を全身の肌で受け止める。ぬるめの湯にゆっくり浸かって、こった筋肉をじんわりほぐす。白川を渡り二キロ足らずの南阿蘇鉄道高森線の長陽駅までは、ほてった体にちょうどいい夕暮れ時の散歩。

筑後川橋を渡ってすぐナノハナが河岸を埋めつくす

3 筑後川下流　福岡県三井郡北野町－浮羽郡田主丸町－久留米市　三月下旬

春の小さな花々を敷きつめた河川敷を歩く

無数のヒバリがさえずり、ナノハナで黄色に染まった筑後川。その河川敷に、信号がまるでない、車も進入禁止になった歩くのに最適な延々三〇キロの道がある。吉井町の長野橋から久留米市の豆津橋まで続く「筑後川サイクリングロード」がそれ。ただし、よっぽど健脚でなければ一日で歩き通すには長過ぎる。前巻の『おとなの遠足』で川上の原鶴大橋から大城《おおき》橋を紹介したので、今度は西鉄甘木線が筑後川に最も近づく金島《かねしま》駅から、JRがいちばん近づく久留米駅までの川下の約半分を歩こう。

西鉄久留米駅で甘木線に乗り換え、金島駅までしばしローカル鉄道の旅を楽しむ。駅前の交差点を右手にとって五分ほど行くと小石原川の土手。もう少し西側で小石原川が筑後川に注ぎ込むため、長い洲が形づくられて流れは二本。河岸をそのまま直進して筑後川橋の歩道橋を渡るのだが、橋の上から川下を眺めたら、ずっと向こうまで黄色で埋めつくされている。あのナノハナの真っただ中を歩くのだと思うだけでうれしくなる。

立ち止まってじっくり見ると、咲いているのはナノハナだけではない。シロバナタンポポ、赤紫のホトケノザ、紫色のスミレ、水色のイヌノフグリ、茶色のツクシ、野生のダイコンの白い花も咲き出している。花そのものは小さいけれど、それぞれにかわいらしい。草地からヒバ

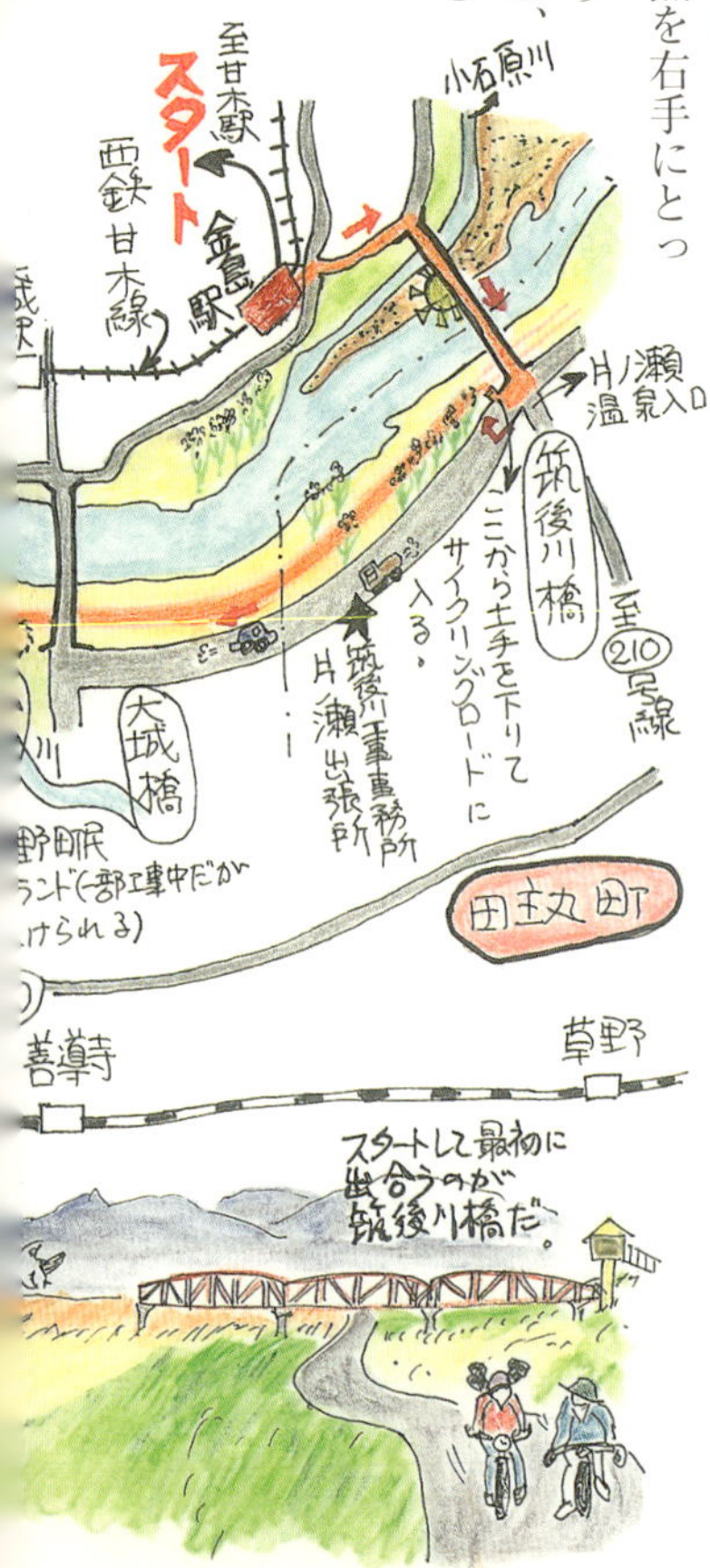

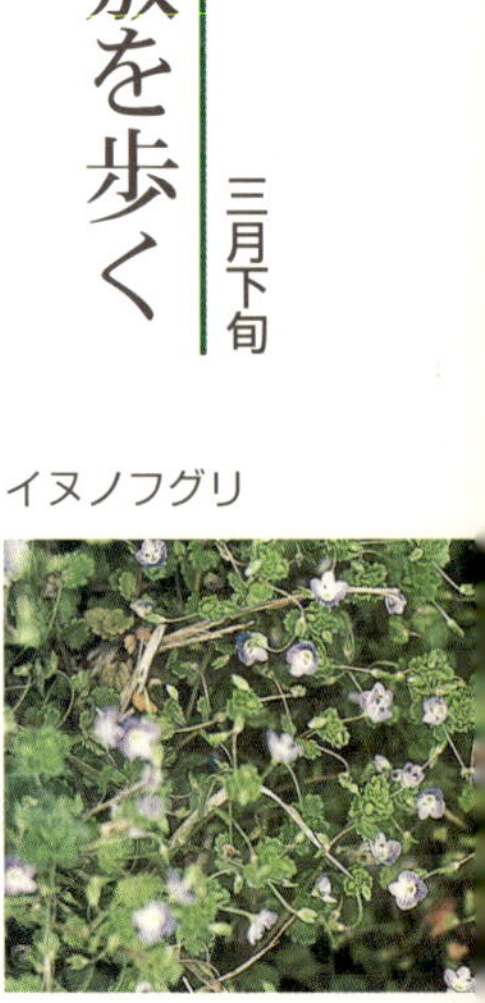

イヌノフグリ

金島駅➡20分➡筑後川橋➡60分➡大城橋➡90分➡神代橋➡70分➡宮ノ陣橋➡70分➡梅林寺➡10分➡ＪＲ久留米駅＝およそ17キロ

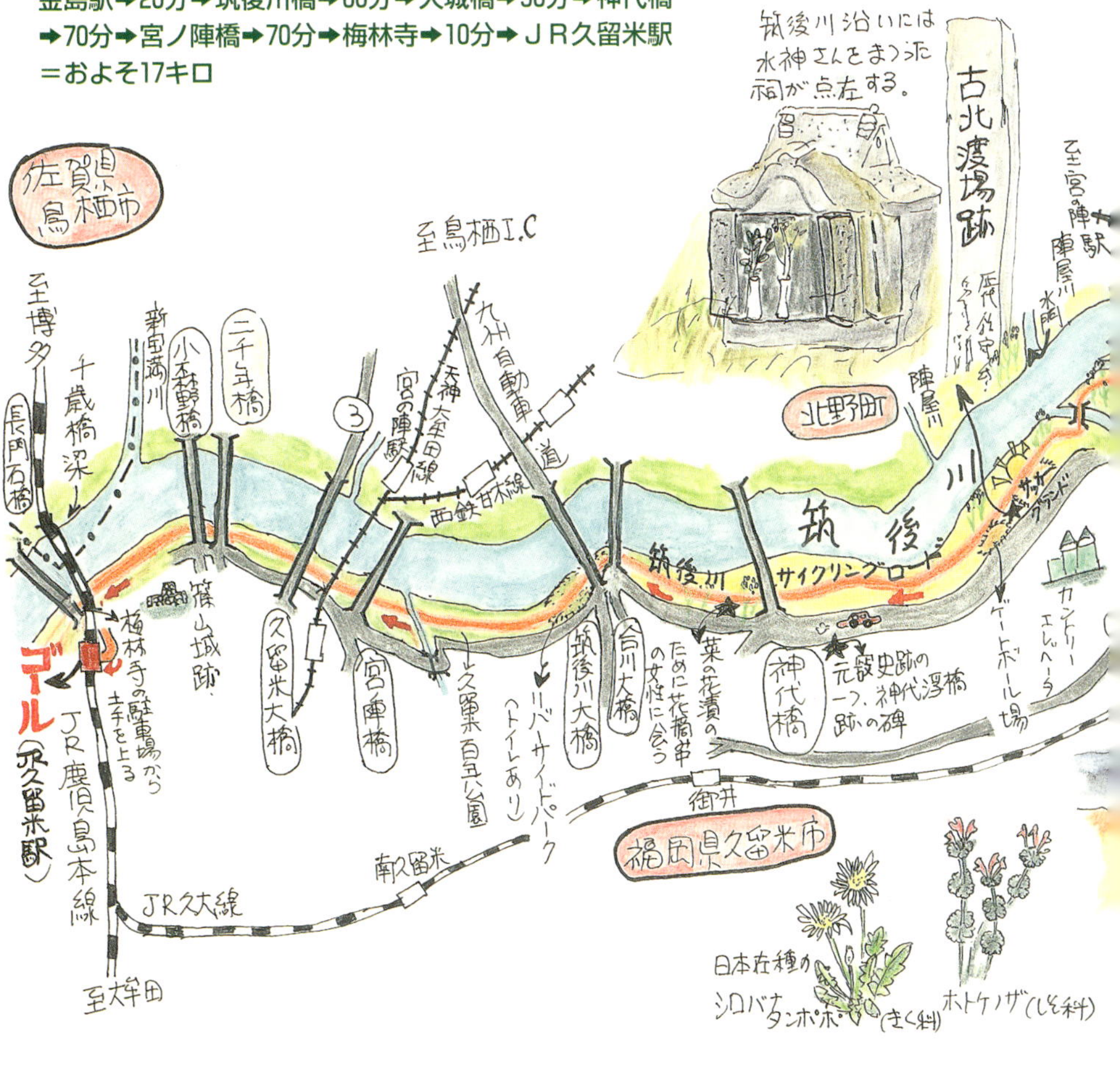

広々とした河川敷を延々とサイクリングロードは続く

リが始終飛び出し、真っ青な空に羽ばたきながらピーチクピーチクさえずる。渡り鳥なのか群れをなした鳥たちも気持ちいい春の陽差しを楽しんでいる。

　実はこの時期の紫外線は意外に強く、筑後川のように木陰がない所を無防備で一日中歩けば、かなり焼ける。気温が高くないので帽子を忘れがちだが、必ず顔面が影になるぐらい広いつばのものを被って出かけたい。衣服もできるだけ白い色を選び、若者の流行に見習って長い袖で手先までカバーする。また、眼鏡をかけている人はレンズの屈折による日焼けにも気をつけたい。油断しているとフレームの縁あたりに変な形のシミができることも。もし差し障りがなければ、少々はっきり見えなくても眼鏡を外して歩いてみてはどうだろう。なるだけ遠くの景色を眺めて、遅まきながら視力回復に努める。もちろん帰宅後は洗顔でほこりをしっかり落とし、ビタミンCを十分補給してメラニン色素を定着させないよう心がけたい。ある程度、肌を刺激して強くした方が風邪などの雑菌に対する抵抗力も高まる。

　大城橋をくぐった先で、南から巨勢《こせ》川が合流する。水量が加わるたびに筑後川が太り、自由気儘《きまま》に草が茂った河川敷も広くなる。冬枯れのヨシが一直線に並んで、手前がこの春再び萌え出した低い草、中間をナノハナが黄色の面でパッチワークする。乾いたベージュとみずみずしい浅緑、目の覚めるような黄色、その向こうに緑がかった群青色の豊かな水の流れ、命を育む色合いに満ちている。たまに笹の葉のような釣り舟が川面に浮かんでいたり、入江に係留されていたり、大河らしい風情を添える。昔このあたりには渡し舟も通っていたらしく、水神の祠の隣に古北渡場跡の石碑が立っていた。

　さえぎるものが何もない草原の中を、道幅一・五メートルほどの自転車道が緩やかにカーブしながら一筋に延びる。灰色の舗装の両端を白いラインで縁どっているので、その道の在り様も風景の重要なポイント。筑後川が大きく南へ曲がる大城橋と神代《くましろ》橋の間、耳納連山の西の端がなだらかに傾斜し、一気に幅を広げた草地にうねって続く道はとても美しい。そろそろ地区によっては野

「菜の花漬はおいしいよ」と作り方を習う

宮ノ陣橋の下からのぞくと橋が5つ見える

焼きも始まったようだ。焦げた枯れ草の黒がもう一つ配色に加わる。

とにかく次の神代橋までが遠い。ここから先の橋から橋までの間は狭く、合川《あいかわ》大橋、白い三角模様の筑後川大橋、青緑のアーチを描く宮ノ陣橋、西鉄の鉄橋、久留米大橋、架かったばかりの二千年橋、小森野橋、ＪＲの千歳橋梁、そして長門石《ながといし》橋と立て続け。宮ノ陣橋の下からは一度に五本の橋桁が見えるほど迫っている。目に見える目標までの間隔が狭いと、不思議なことに歩いた距離を短く感じてしまう。どうも人間の感覚は意識する以上に相対的なものらしい。

見上げた土手のナノハナの中で女の人が何かしていた。尋ねると若い花芽を摘んでいるのだという。「ナノハナの漬物は季節感があって、皆が喜んでくれるんですよ。毎年、人にあげるために作ってます」とのこと。ざっと洗って塩で揉んで重石をのせておけば、水があがって翌日には食べられるとか。おひたしや炒めものもおいしいそうだ。まっすぐ伸びた中央の茎だけ摘めば、数日後には横芽が伸びて新しく花が咲くらしい。

久留米大橋の下あたりで釣りから帰るおじいさんに呼び止められた。地元の人らしいので逆に尋ねてみた。

「ＪＲの鉄橋名を奇妙に思ったんですが、以前ここらへんは千歳川って言ってたんですか」

「わしらが子供の頃は川幅が太うなったこのあたりを千歳川って言いよったと。北海道に千歳空港ってあろうが、ありゃ、ここの名からきたったい。久留米のもんがようけ開拓に行ったっちゃが、風景が故郷によう似とったけん千歳川って名づけた。ここはいつの間にか筑後川って言うようになって、あっちに千歳の名が残った。今じゃ、あっちの方が有名やけん、ここが千歳川って呼ばれとったことは誰も知らん」

長門石橋の少し手前で梅林寺へ上がる。梅林寺の門前から地下道にもぐってＪＲ久留米駅そばに出る。

4 能古島　福岡県福岡市西区

能古航路で都会から田舎へ一足飛び

四月上旬

のたりのたりの春の博多湾に能古島がポッカリ浮かぶ。本土から二キロと離れていないこの島は、福岡のどこの海辺に立ってもよく見えて、湾景に欠かせないシンボルだ。姪浜から出る市営渡船が、ほんの十分で一足飛びに都市から田舎へ連れ出してくれる。

島内の北側に有料の「のこのしまアイランドパーク」がある。たいていの人は下船後、バスに乗り継いでこのレジャー施設へドッと繰り出す。「ナノハナ！」、「ツツジ！」と季節ごとの花だよりに浮かれて出かけるのも悪くはないけれど、本来あるがままの能古島はもっと気儘《きまま》で魅力的。青葉紅葉《もみじ》の木漏れ陽の下、リュックを肩に自然探勝路を歩くのは快適で、「春は毎週通って来てます」という能古島フリークもいる。

海は空の色に染まり、野鳥のさえずりは絶えず、クサイチゴやスミレが咲きそろい、深緑のミカンの木にたわわに甘夏が実る。山菜のノビルやセリ、ツクシ、ツワブキなども豊富。渡船場そばの「のこの市」をのぞけば、島特産のおいしい甘夏はもちろん、海の幸、山の幸が手

クサイチゴ

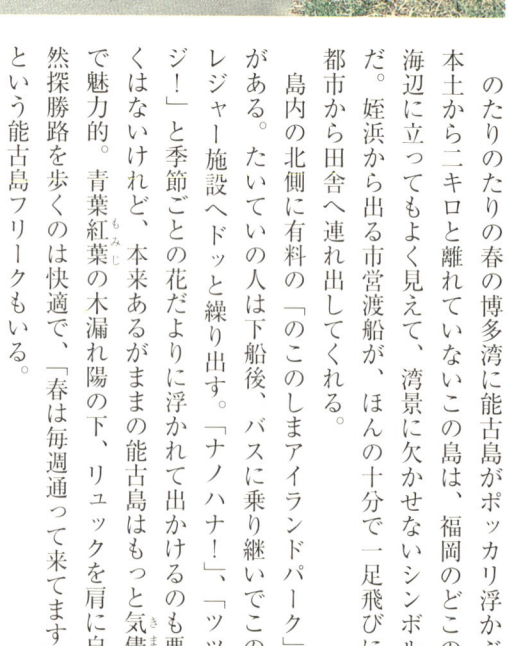

坂の前方に突然，カンバスに描いたように青い海と志賀島が現れる

渡船場➡40分➡自然探勝路入口➡80分➡牧の神公園➡20分➡也良崎➡80分➡渡船場＝およそ11キロ

也良岬は万葉集にも詠まれた防人が置かれた所。

雑木林の木もれ陽もいいし、林が切れて突然、現われる青い海と緑の島影もいい

ウグイス、ホオジロ、ジョウビタキ…探勝路の雑木林では午前中、たくさんの野鳥のさえずりを聞いた。

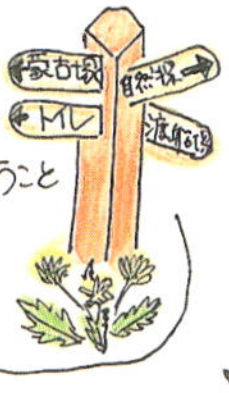

所々に道しるべがあるので、迷うこともない。

人家もまばらな自然探勝路入口付近は眺めがいい

に入る。それならば、いつもより少し大きめのリュックにして、さっそく能古島に乗り込もう。

島を堪能するには遠足で島を一周するに限る。周囲一二キロ、西に糸島半島、北に玄界島、東に志賀島、南に百地浜の高層ビル群と、眺望も変化に富んでおもしろい。一日のんびり歩いてちょうどいい運動量。

さっきまで船でいっしょだった多くの観光客と別れて、できるだけ海縁を時計回りに龍の宮方向へ歩き出す。『火宅の人』で知られる作家檀一雄の旧宅や、能古博物館はこっちの方角。龍神を祀った小さな石の祠の前で、自然探勝路の入口の位置をのこの市で手に入れたイラストマップで確認する。このあたりにはまだ民家があるから、尋ねるには都合がいい。

民家の間の道は坂道になり、やがて田畑が現れ、その向こうに海、そして湾曲した糸島半島が延びる。ここから先に人家はなく、芽吹き始めた雑木林の中の平坦な道を進む。木立の隙間から時たま青い海がのぞく程度だったのが、突然、竹林が途切れ、カーブした道からポッカリ浮かんだ玄界島が姿を現す。緩やかな坂道を自転車で下るカップルやウオーカーたちとすれ違う。海の景色に見とれていると、背後から「最高の気分ね」という女性の話し声が聞こえてきた。リュックがさまになった二人連れだ。

「こんにちは」と声をかけ、立ち話で互いに能古島礼賛。彼女たちの手には少しばかりのノビルやツワブキが握られている。島の景色と鳥の声にばかり感激していたので、こんな二人がちょっとうらやましい。聞けば、島のどこでどんな山菜が採れるかをよく知っている。しかも遠足の達人。

「朝、夫と子供を送り出した後、どちらからともなく電話で誘い合わせて『きょう、天気いいし、立石山を歩かない?』みたいに」と秋吉陽子さん。

「へえー、いい行動力してますね」

「夕食の買い物ができるぐ

最北端の也良岬に立って，音無瀬戸を航行する大小さまざまの船を見送る

甘夏をかるいに入れて運ぶおばあさんと桜並木で行き会った

らいに帰れば大丈夫」と副島裕子さん。さすが、野歩きに慣れたお二人らしく、主婦の段取りのよさについ感心。

上りカーブをいくつか過ぎると、道はこれまでより立派なアスファルト道路に変わる。右の土径は島でいちばん高い展望台に通じている。やがてアイランドパークの正面口にたどり着く。対面にある牧の神公園は平安時代の牛の牧場だったらしく、園内に牧の神神社も祀られている。草の上で昼弁当を広げた。

午後はまず島の北端の也良岬に下りてみよう。万葉の昔、防人《さきもり》が配備された島にはいくつかの万葉歌碑が立っている。この也良岬には「沖つ鳥　鴨とふ船の帰り来ば　也良の埼守《さきもり》　早く告げこそ」とある。衝立のようなミカン畑を左に見るあたりで、ちょうど前方に青い海と志賀島が見えるビューポイント。

間もなく派手なガードレールのある三差路にぶつかり、也良岬へ通じる土径を左へ入る。径は海抜と同じ高さまで下り切り、そこが島の最北端。澄んだ海水の高さから志賀島を見上げると、また趣が違うものだ。この音無瀬《おとなしのせ》戸《と》は頻繁に船が行き交う。眺めている間に、韓国釜山行きの高速艇ビートルもしぶきを蹴立てて行った。

あと島東側の半周が残っているが、こっち側は湾を隔てて望む福岡の市街地の風景を楽しもう。斜面は一面が夏ミカン畑。折り重なった深緑の木々に、無数の甘夏が鮮やかな黄色の彩りを添える。桜の蜜を吸うためにメジロが数羽、梢を飛び渡っていた。それに混じってジョウビタキも尾を上下に振る。ヤシの木が植えられた大泊キャンプ村を左下に見て、だらだらと道を下る。右後方から子供たちの話し声が聞こえてきた。見上げると下り坂の車道が合流する。

やがて道は桜並木。野良着姿で大きなかるいを背負って下りてくるおばあさんと会う。甘夏の出荷の準備でこれから忙しくなるとか。北浦の海水浴場を過ぎれば渡船場は近い。船の出発時間までは、のこの市で土産を選びながら調整したい。

草原のくぼ地に突如として出現する不思議な形の扇田

水と緑に心が潤う一泊二日の大遠足

5 産山《うぶやま》　熊本県阿蘇郡産山村－大分県直入《なおいり》郡久住町－熊本県阿蘇郡南小国町　四月中旬

笹倉バス停➡120分➡大利橋➡80分➡飛瀬➡80分➡御湯船温泉（泊）➡70分➡乙宮➡80分➡山吹水源➡140分➡瀬の本バス停＝１日目およそ13キロ＋２日目およそ16キロ

せっかく遠くまで出向くのだから、欲ばって二日、合わせて二九キロ踏破してみよう。第一日目は笹倉から豊後街道を東にとり、山里を巡りながら御湯船《おゆぶね》温泉まで。二日目は北に向かって里山を縫って山吹水源に立ち寄り、九重や阿蘇の山々をはるかに眺めて瀬の本まで久住高原を抜ける。南の笹倉から北の瀬の本まで直線だと一五キロだが、歩いて楽しい道にどんどん迂回したい。おまけはキスミレが一面に咲く草原と、にょきにょき伸びたワラビ摘み。九州一雄大な景色に感化されて気持ちもおおらか、そんなゆったりの大遠足を楽しむ。

　景色が雄大ということは手つかずの自然というわけで、公共の交通機関が少ないのは当たり前。いちばん近くて南の国道57号線、西のやまなみ道路に長距離バスが走るのみ。村内にローカルバスもあるにはあるが、本数や接続が悪くて期待できない。例のごとく現地の滞在時間を長くするため、寝台列車のレガートシートを利用。これだと熊本で始発の大分行き長距離バスに間に合う。

　波野村の笹倉のバス停の少し東から左手に参勤交代の

白いスミレ

南小国町
至小国町
442
瀬の本
やまなみ道
11
至九重町・福岡
久住
高原
ゴール
バス停 瀬の本
ヒゴタイ公園
ちょっぷ村
至宮地
大分県久住町
442
至竹田市
竹ノ畑牧場
山吹水源
至竹の畑の集落
ハーブ香草園
扇田
乙宮
産山川
至上田尻
御湯船
阿蘇五岳・九重連山を見渡せる牧草地帯。牛の放牧も始まった。田には水が張られ、初夏を告げる。
山吹水源の駐車場に案内図あり。ここから約800m奥へ入ると水源地。竹ノ畑牧場への標示を探そう。
村営の
御湯船温泉館
泊る
商店と公衆電話あり
耕見庵
熊本県産山《うぶやま》村
ゼンマイ（ぜんまい科）
ワラビ（いのもとそう科）
日向
石尾野の石橋
バス停「飛瀬」13時40発の上田尻行がある。
久住山が見える
飛瀬
山鹿
上山鹿
産山町役場
玉来川
街道も「へき谷の道標」まで出ると、アスファルトの広い道に変わる。
トンネルを境に坂は下り
境の松坂
豊後街道
道標
大利橋
日本一の鞍掛くぬぎは樹齢620年!!
川の右土手を歩く。途中から田んぼのあぜ道を抜ける
北向
へき谷の道標
弁天坂の石畳
216
5月の陽光が大好きな白いイチリンソウ。（一輪草・きんぽうげ科）参勤交代の道の土手でたくさん見つけた。
スタート
バス停笹倉
茶沸場跡
十五里塚
参勤交代道（豊後街道）
自動車も入れない。左に折れると土径になり豊後街道の説明板あり。
笹倉
波野村
笹倉関所
広い一車線道路から「参勤交代道跡」の道標に従い左へ折れる
至一の宮
57
竹田市へ

玉来川の上の台地に山鹿の集落

古い道が始まる。豊後街道の道標に導かれ、大きな杉木立の下、十五里塚や茶沸場跡を通ったり、弁天坂に残る石畳を踏み分けたり、日本一の大クヌギを見上げたりと、昔ながらの道中が玉来川にぶつかるあたりまで続く。途中、車はもちろん、人と出会うのも稀。木漏れ陽を浴びて、イチリンソウやキイチゴ、スミレ、ショウジョウバカマの白い花々が出迎える。

大利橋で、境の松坂の石畳を上って大分との県境を越える街道と別れ、玉来川に沿った土手道へ。やがて田んぼの畦道になるけれども、かまわず進むと、そのうち舗装道路に突き抜ける。坂を登ったT字路を右に行く。まっすぐ行けば産山の村役場のある山鹿《やまが》に至る。トンネルをくぐって初めて、眼前に雄大なくじゅう連山が姿を現す。飛瀬《とぶせ》に下って産山川につかず離れず、石尾野、耕院庵、日向、小園とのどかな里山をつなぐ。川を横切る橋を渡る時はちょっと注意したい。昔のままの立派な石造りの眼鏡橋がそのまま使われていたりする。

御湯船の集落より少し手前、小園から道なりの山手に御湯船温泉館やすらぎがある。宿泊棟と温泉棟の二軒、村営の湯治場だから安いし、建てて間がないので快適だ。長時間歩いてこった足の筋肉をしっかりほぐして、翌日の長丁場に備えたい。のぼせた体を冷やすために開けた窓から流れ込んで来る高原の空気の気持ちいいこと。翌朝の目覚めも小鳥の声で清々しい。ここから先は集落がないので、朝食の後にでも管理人さんに道をしっかり教えてもらおう。

道が確かな車道をたどるなら、まず御湯船の集落へ向かう。できればここは家並みの中を歩きたい。木陰の石仏を拝んだり、遠目に中庭を眺めたり、なかなか住み心地の良さそうな村。家並みを抜けたら、北に曲がって乙宮を目指す。まちがえるととんでもない遠回りになってしまう産山村は、あちこちにちゃんと道路標識が立っている。再び産山川に沿って棚田の間をくねくね。ヘアピンカーブに折れ曲がる乙宮にはヤマメを食べさせる産山水魚園がある。そこで川と別れまだまだ北へ。カーブミラーの横の山吹水源

萌えるような若葉の中の作業道を行く

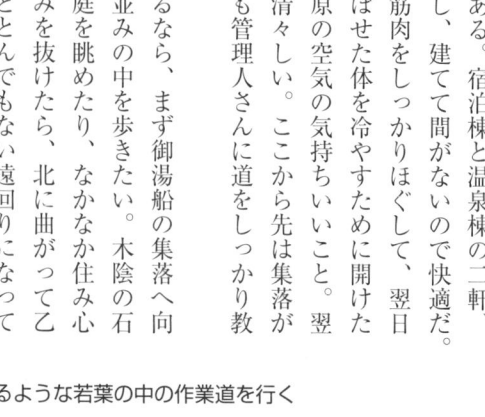

神秘的な雰囲気を漂わす山吹水源

へ二キロの標示板を頼りに右に曲がる。やがて着こうかという頃、不思議な光景に出合う。広げた扇のように姿が美しい水田、水を張る時期は陽光が映えて一段とそれらしい。全体像を確かめるために真向かいの丘に登る。扇田から下ると水源への入り口はすぐそこだ。

もう一つの行き方は、温泉館の前の細い車道をそのまま北に向かう。茂みのあちこちに藤色のヤマフジが垂れて、それは見事。草地はどこもここも一面ワラビでおおわれている。三十分ほど上ったら、左手の柵をくぐって牧場の中へ。くねくねと曲がりながら続く作業道をどこまでも北へ向かえば、山吹水源の口に出るとか。中ほどまで行ったこともあるのだが、草道の真ん中に日向ぼっこをしている真っ黒なカラスヘビを見つけ、慌てて牧場を抜けて乙宮の集落へ下りた。ゴム長靴を履いてヘビ対策をしていれば、高台の原野を縫って進むのでこちらの方が気持ちいいのだけれども、見慣れない者には少々怖い。早朝の散歩で途中まで行ってワラビを摘むぐらいがいいかもしれない。

大樹が茂る原生林の下、せせらぎが幅を広げた湿地に沿って二十分ほど進む。斜面に取り囲まれたくぼ地に水源はあった。毎分三〇トンもの水が静かに湧き出す池は、なかなか神秘的。二日目の弁当はここで食べるのがおいしそう。池の左縁の斜面に裏の竹ノ畑牧場へ上る細い山径が続く。先で何本も枝分かれしているので、まず左、そして右と上へ径を選ぶ。杉山を出て車道に立ったら、下にうぶやま香草園のハーブ畑、ちょっと立ち寄ってハーブティーをご馳走になる。

久住高原で一面に咲くキスミレに感動。ここには群生しているが絶滅危惧種、決して踏んだり、取ったりしないように。第一、下界に持って帰っても育たない。ヒメアヤメやオキナグサも然り。ゼンマイやワラビは自分の家で食べるぐらいは摘んでいいとしても、基本的に咲く花はその背景とともに眺めた方がより美しい。野草のかれんな姿に感動したら、「また来年も見に来よう！」と次を計画したい。九重の山すそを横断する国道４４２号線に出たら西に歩いて瀬の本が終点。

木の芽立ちの新緑に心を染めて

春の山はみずみずしい若葉でおおわれ、浅黄色から青緑まで多種多様な緑のグラデーションで心まで染まりそう。ヤマフジが垂れ下がり、淡紫のリンドウ、濃い紫のスミレ、黄色のヤマブキ、白いシャガやキイチゴが次々に咲き競う。これを見ずに春をやり過ごしてはなるものかと、英彦山から耶馬渓までちょっと長い距離を足で結ぶ。

せっかくの野歩きだから、現地までは公共の交通機関で出かけたい。車だと運転する人に不平等だし、駐車した場所まで戻らなければならないので距離が半分しか延ばせない。山国渓谷のような坂は下り切るから楽なので、途中から引き返しては意味がない。

彦山駅からのバス終点、豊前坊から東に天狗ラインを五〇〇メートルほど進む。左手に下る油木ダムへの車道を行き過ぎ、眼前に鷹ノ巣山が迫る展望所の右で登りの土

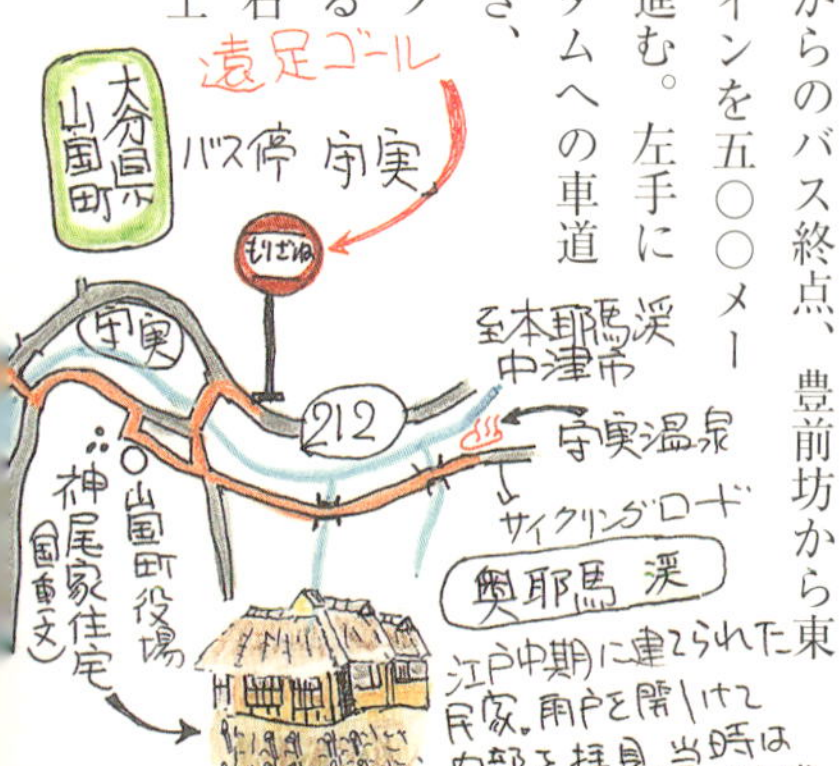
遠足ゴール
大分県山国町
バス停 守実
もりざね
守実
至本耶馬渓 中津市
212
守実温泉
サイクリングロード
奥耶馬渓
山国町役場
神尾家住宅 (国重文)
江戸中期に建てられた民家。雨戸を開けて内部を拝見。当時はムシロ敷きだったそうだ。

ハルリンドウ

■右 ── 若葉が萌える薬師林道を行く
■左 ── 山国川沿いもまばゆいくらいの芽立ち時

豊前坊バス停➡10分➡薬師林道入口➡80分➡薬師渓谷➡100分➡新谷➡50分➡猿飛千壺峡穴➡140分➡神尾家住宅➡30分➡守実バス停＝およそ20キロ

「ここらのホタルはきれいだよ」と苅屋さん

径に入る。ここが目当ての薬師林道。石がごろごろの土径だけれども、幅は三メートルほどあって迷いようはない。十五分で峠を越えて、若葉が萌える雑木林の樹間を下る。

山歩きの服装は、虫刺されや切り傷の心配があるので、長袖シャツ、長ズボンが基本、汗が出ればそれぞれまくって対応する。夏場はつば広で汗を発散しやすい麦わらかキャップ、冬場は頭や首を冷たい風から守る布製の帽子、足はショックを吸収する厚手の靴下。青空の下で快食、夜はほどよい疲れに快眠、翌朝はさわやかな目覚めとともに快便。足を動かすことで自律神経を刺激し、心臓の働きを助けて血行もよくなる。ふだんデスクワークばかりの人はもちろんだけれども、歩く効用は計りしれない。加えていえば、人工的な公園の短いコースをグルグル回るより、空気のいい里山や川辺の土径を歩く方が気持ちいいに決まっている。

このあたりは原生林だから、ツツピー、ツツピーと野鳥のさえずりもにぎやか。足音に驚いて雌のキジがバタバタバタと飛び立った。ぐるりと回って鷹ノ巣山が正面に立ちはだかる。やがて水遊びにちょうどいい浅瀬の薬師渓谷。あたりにはモミジがかなり多いから、きっと秋には紅葉もきれいだろう。ふと見ると、橋の名前がもみじば志。河原に下りて川面にせり出した一枚岩の上に立つと、水底の石がモザイクガラスのように輝いていた。その間をこの春生まれたばかりなのだろうか、体長二、三センチの小魚が群れになって泳ぐ。

七キロほど下って最初の集落の轟《とどろき》。どこも大きな農家で、わら葺き屋根の下に薪を積み上げたなつかしい里山の風景が続く。田を耕していたおじさんに尋ねると、

「ここらは冬が寒いから、石油で沸かした風呂を薪で保温する。福岡の息子が来いと言うけど、自分らはこの生活がいい。六月にはホタルもたくさん飛び交うよ」

撮った写真を送るからと名前を教えてもらうと苅屋さん、もう少し下った地名も苅屋でわかりやすい。

猿が飛んで渡ったという千壺を恐る恐るのぞいた

守実の築200年という神尾家住宅

　最初に小学校を見つけた新谷《しんがい》で彦水川が山国川に注ぎ込む。手前の小さな方の屋形橋を渡り、車がほとんど通らない山国川の西岸を歩く。川面をセキレイがかすめて行った。木陰にはシャガの群生、土手からはヤマブキがしだれる。草本は戦前まで五百人近い人々が働いていた金山があったらしい。山の斜面の雑草の中にコンクリートの残骸が眠っている。一度、対岸に渡り、草本のバス停から猿飛千壺峡の立て札に従って右に入る。

　ここは耶馬渓三飛勝《ひしょう》、つまり兎飛《うさぎとび》、犬飛ときて、いちばん険しい峡谷の猿飛。淡緑色の比較的柔らかい溶岩を流水の勢いが彫って造った谷らしい。特に岩のくぼみに入った堅い礫《れき》（小石）が、水の勢いでグルグル回って岩を削った甌穴《おうけつ》が千もあるというから驚く。その猿飛の甌穴群をゆらゆら揺れる竹橋から恐る恐る見学した。

　整備された遊歩道を進んで、山寺の真下の念仏橋から魔林峡ものぞく。こっちの方は両岸が切り立って立ち入ることさえできない。再び西岸ののどかな道を辻、小豆野、元組、堀江、狩宿とつないで国道２１２号線を横切り、橋を渡って守実《もりざね》に着く。超モダンな山国町役場を背景に、築二百年を超す落ち着いたたたずまいの神尾家が不思議なコントラストで迫ってくる。

　神尾家住宅は茅《かや》葺き土壁の曲屋《まがりや》で、江戸時代中期の民家を代表する建物として国の重要文化財に指定。広間の柱の上に明和八年卯七月と墨書きがあり、一七七一年に棟上げされたとわかっている。北はほとんど壁で、南の畑に向かって広々と戸や窓が開く。東側に馬屋とかまどのある土間、西側奥に床の間つきの座敷、手前に仏間、中央に納戸、居間とむしろ敷きの十八畳の広間には炉が切ってあった。縦横に組んだ太い梁、竹を並べた大和天井、竹床張りの風呂場、部屋を仕切る戸障子などの建具も、全体にしっくりと調和している。ここで繰り広げられた神尾家の人々の生活はどんなものだったのだろうかと想像する。

　同じ南岸の細い方の車道を東にとって、最終目的の守実温泉へ。山国町役場の先を右に折れると町営の憩い荘。汗と疲れをさっぱり洗い流してから、帰りのバスに飛び乗りたい。

街道筋には低い石垣塀の旧家がある

7 島原街道　長崎県南高来郡国見町―有明町―島原市

旅人が草鞋で往来した島原街道を行く

五月上旬

以前、島原半島の西岸を愛野から口之津まで自転車で走ったことがある。のどかで気持ちがよかったから、今度は遠足したいと狙っていた。欲すれば通ずで、偶然『島原街道を行く』（松尾卓次著、葦書房刊）という本を見つけた。幸いに歴史街道は今の国道２５１号線とかなりずれている。点在する史跡をつなぎ、江戸時代の旅人になったつもりで島原城入りを果たそう。

さっそく時刻表と首っぴきで福岡からの日帰り遠足を組み立てる。湧水が豊かな島原市街の散策は初夏にこそふさわしく、ゆっくり時間をかけたいので最後に持ってくる。となると、まず荒尾側の長洲から多比良港に渡り、街道の北目道を南下しながら、途中、島原鉄道を一部利用して島原城に入城する。北目道とは島原城大手御門を起点に北の愛野町へ向かう街道を指し、南を南目道、西岸は西目道だ。遠足の締め括りは島原外港から高速船で大牟田の三池港に上陸。その日一日歩いた島原半島をフェリーから眺めたら印象はどう変わるだろうか。夕暮れの海上から行程を眺めるのも楽しみだ。

ヒルガオ

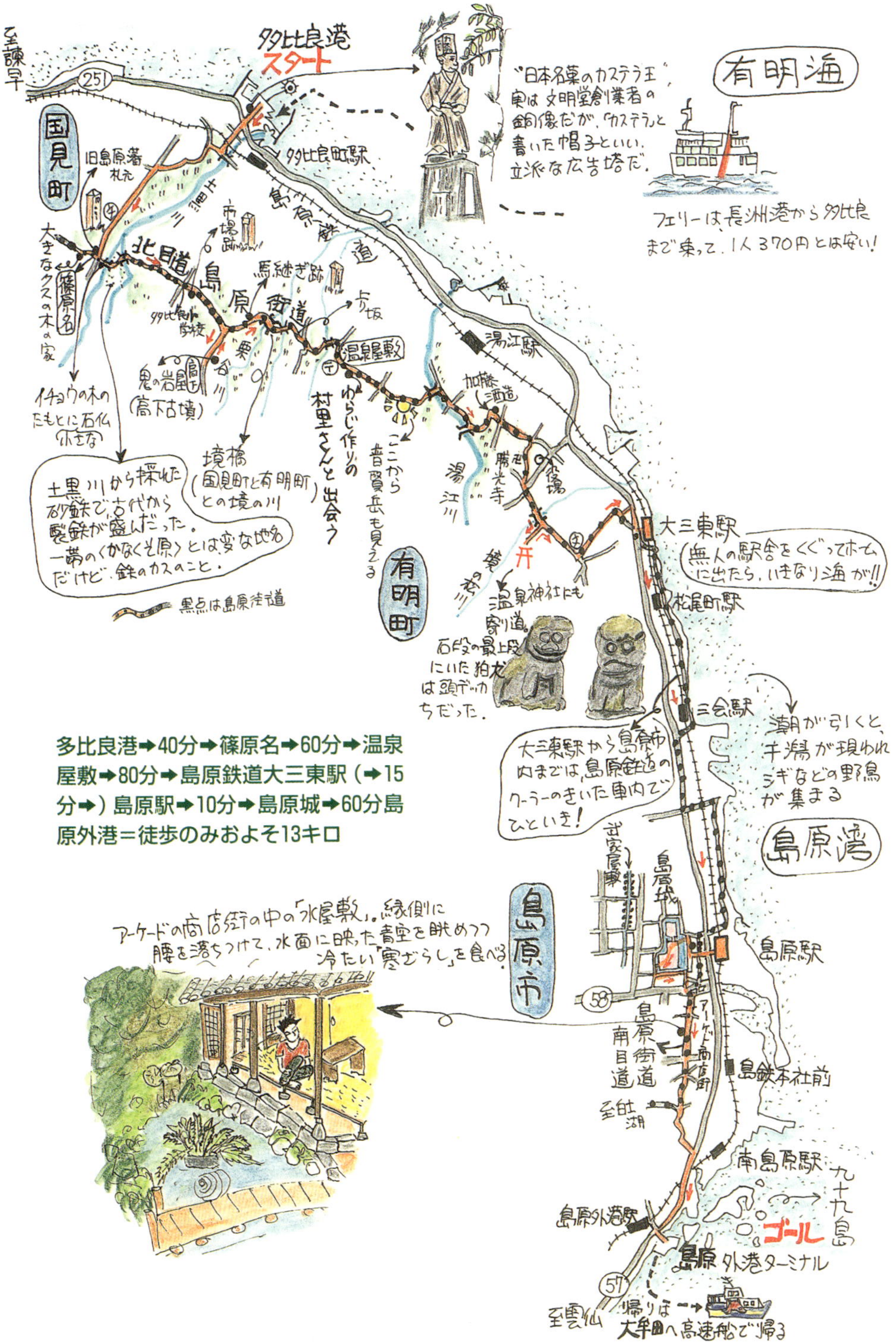

多比良港➡40分➡篠原名➡60分➡温泉屋敷➡80分➡島原鉄道大三東駅（➡15分➡）島原駅➡10分➡島原城➡60分島原外港＝徒歩のみおよそ13キロ

長洲港を出航し，島原半島北端の多比良港へ向かうフェリー

その日は快晴。しっかり日焼け止めクリームを塗って福岡を立ち、九時にはもう島原半島の土を踏む。港からさっそうと389号線を歩きだして間もなく、誰かに呼び止められたような……。見ると、袴姿の紳士の銅像。頭に載せた変てこな帽子に「日本名菓カステラ王」、「長崎名産カステラ」と文字が読める。文明堂の創業者らしい。まるで広告塔の王様のようだ。この後、島原鉄道の踏切を越える。

島原半島には水田に交じって、ジャガイモ畑やトウモロコシ畑が多い。もう少し時期が早ければジャガイモの薄紫や白い花が目を引いただろう。

土黒《ひじくろ》小学校の校庭では児童がボール遊びをしている。間もなく篠原名の四つ辻。左に曲がればいよいよ島原街道に踏み込む。「旧島原藩札元」の新しい史跡柱が立っていた。『島原街道を行く』によると、ここに「南・温泉　北・県道　西・長崎　東・島原」と読める道標が残っているずだが、見つからない。明治十八（一八八五）年に海沿いに県道ができるまでは、この街道は雲仙や長崎への近道としてたくさんの人が往来したというが。

土黒川を渡った一帯は昔は金屎原《かなくそはら》といっていた。土黒川は別名鉄川と呼ばれ、金屎というのは鉄を焼いて鍛える時に剝がれ落ちるかすのことで、鑪《たたら》製鉄が行われた場所らしい。多比良小学校を過ぎ、約五〇〇メートル先でカーブミラーのある三差路とぶつかり、左に折れる。うっかり道なりに進まないように。もちろん余裕があれば寄り道もいい。古い高下集落の在り様や巨石を積んだ古墳の鬼の岩屋を訪ねてもおもしろそう。

栗谷川は国見町から有明町へ入る町境線と重なっている。小さな川で、昔は毛ガニが捕れていたとか。境橋を渡るあたりの風景はすばらしい。普賢岳から有明海までなだらかに下りてくる多比良台地が広がる。さまざまな野菜を育む畑、サワサワと緑に茂る稲。その山ひだ一つひとつに陽光が満ちあふれている。

温泉屋敷の集落までは、交互に緩やかな上り下りが続く。その先の庄司屋敷という地名といい、かつて土豪が大きな館を構えていたらしい。

雲仙岳から有明海へなだらかに下る，国見と有明の町境

島原の乱の難を逃れたにもかかわらず，明治８年に１度解体された島原城

「草鞋《わらじ》ば編むとを見ていかんね！」

唐突におじいさんから呼び止められる。こんな好機はあまりないので、遠慮なく納屋の作業場までついていく。「自分たちがな、昭和二十年の終戦が六年生じゃった。もう四年生頃から草鞋は自分で編んだ。月に一足は履きつぶしたろうか。これを履いて、みな学校に行ったとよ。あの頃から全然編んでなかったが、今、思い出して編みよっと。こげん草鞋を作らっさる人はおらっさん。指が覚えとるなあ……」。編み始めたおじいさんはさっきまでは戦争の話や兄弟のことなどいろいろと饒舌だったのに、急に黙々と手先だけを動かしている。口で説明するより、手先を見てもらったが早いというわけか。いまどき草履の編み方の手解きを受けられるのも、集落を歩く遠足ゆえ。歩いているよそ者になら、地元のお年寄りたちも声をかけやすいのだろう。

湯江川とぶつかり、そのまま橋を渡り右へ折れる。しばらくして遠くの田畑の中に天を突くような煙突が見える。大きなアサヒノボルの文字で、造り酒屋だとわかる。名前に引かれて温泉神社に立ち寄った後は、いよいよ憧れの島原鉄道。最寄りの大三東《おおみさき》駅のホームに立つと、すぐ目の前は広々とした干潟の海。かわいらしい黄色の車輌がすべり込む。暑さでほてった体が一輌編成のワンマン電車の冷房でやっと落ち着いた。

下車した島原駅でまず観光地図を入手し、島原城へ向かう。城濠を巡りつつ、高所に上っていく。遭遇した修学旅行生たちに交じって城下を眺め、ちょっと殿様気分を味わう。西南の大手御門に出た所が島原街道南目道の起点。武家屋敷も見たいけれど、アーケード街にある万《よろず》町の水屋敷の方を目指した。屋敷の中に湧水が流れる風情は驚くほど閑静な空間を創っている。縁側の廊下に腰掛けて、白玉粉で作った島原名物の寒ざらしをいただく。さあ、街道と別れる時間が来た。堀町、中堀町をつないだアーケード街を通り抜けて、ちょっと息苦しい車道を島原外港ターミナルまで急ぐ。

せっかく習った草鞋編みだ。忘れないうちに挑戦しなければ……。

8 大浦　佐賀県東松浦郡肥前町

早苗が風にそよぐ棚田の曲線美に見ほれる

五月中旬

梅雨空を恨めしげに見上げて暮らすより、晴れ間をとらえてサッと遠足に出かけよう。満々と水を張った水田で早苗がスクスク育ち、川や海では生まれたばかりの小魚が群れをなして泳いでいる。この季節だからこそのもっとも美しい景色がある。たとえば多島海のイロハ島を眼下に眺めながら、早苗が風にそよぐ大浦の棚田の曲線美を堪能する。

唐津市から納所《のうさ》行きバスに乗る。万賀里《まがり》川を通り、新木場を過ぎた頃、運転手さんに「高串《たかくし》の漁港へ近道したいんですが、どこで降りたらいいですか」と尋ねる。「近道ですかあ?」と若い運転手さんは困った様子。静かな車内がちょっとザワつき、一人の乗客が運転手に、

「あの道よ、ほら田野に行こうがあ」

と教える。このへんはローカルバス路線によくあるフリーゾーン。どこでも乗り

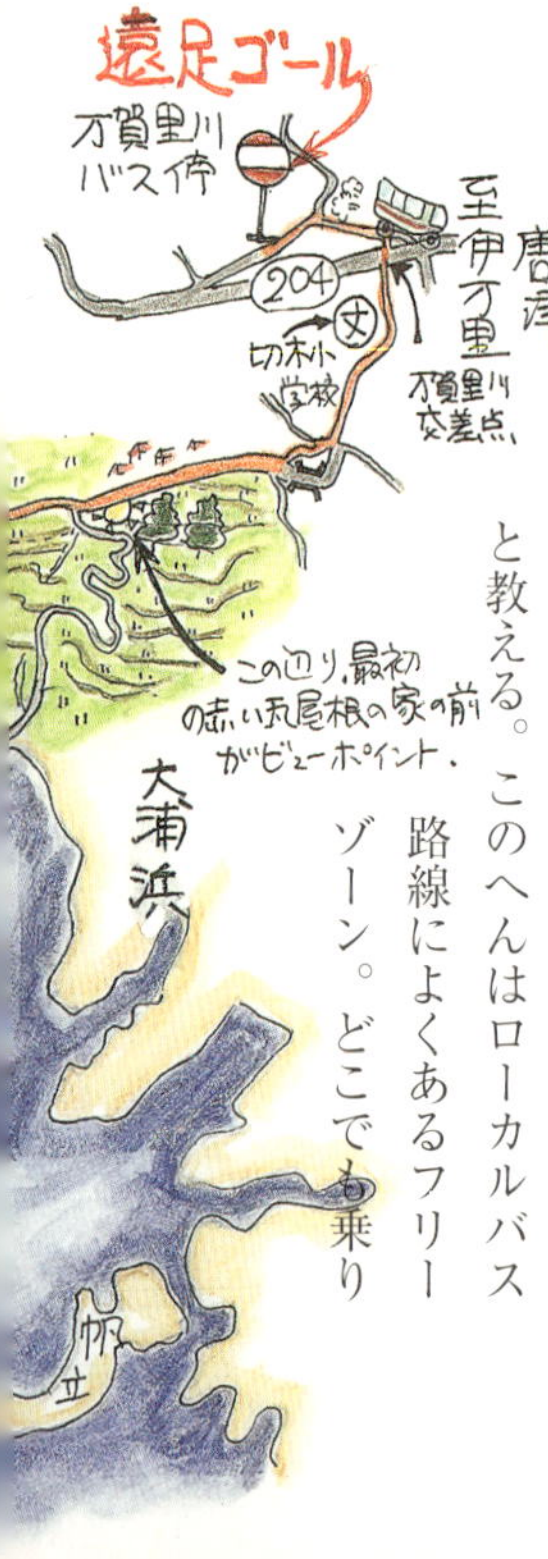

高串の石仏

入江へ下りる緑の階段を思わせる大浦地区の棚田

比恵田バス停➡50分➡高串漁港➡10分➡肥前町立福祉センター（高串温泉）➡50分➡瓜ケ坂➡60分➡国民宿舎いろは島➡60分➡大浦の棚田➡40分➡万賀里川バス停＝およそ12キロ

高台の増田神社から高串漁港を見下ろす

降り自由なので、比恵田バス停と古保志気バス停の中間の、永田溶接鉄工前で降ろしてもらう。右下に仮屋湾を望んで、初めから感激の風景が目に飛び込む。

　左の細い坂道に入ると、田野の集落と高串港とを結ぶ近道。車道から一歩脇道に入るだけで、こんなにいい景色に出合えるのだ。地元の人もあまり歩かない道らしい。緩やかにうねる丘陵、谷の向こうは棚田がまるで雛壇のよう。道ばたには薄紫のアザミ、黄色のキツネノボタン、少し顔を上げると丸い実が微かに色づいたサルトリイバラ、自然界はもう初夏の準備に入っている。歩き始めからなかなか気分いい。農家の畑に拳《こぶし》ほどにふくらんだスイカを見つけた。

　高串の集落を迷って、不思議な石仏に出合った。一面にシダが茂る切り立った崖のくぼみに二体、彩り鮮やかに彩色されて道行く人を見下ろしている。一つ気がつくとあちこちで出合う。ここは、その昔、空海が遣唐使として中国へ船出した土地だとの言い伝えがある。石の弘法さんと化粧した小さな石仏さんたちが、街では味わえない安らぎをくれる。

　やがて道が分かれ、高台の増田神社へと向かう。ここから高串漁港がよく見下ろせる。入江に島影を見ながら、カクカクと曲がる急な石の階段を下りていく。途中に小さな庵寺《いおりでら》があり、十数体の彩色された小さな石仏たちは、太陽と潮風にさらされていい顔をしている。このまま階段を港の岸壁まで下り切った所が鍍錫《としゅく》の鼻で、空海の記念像が立つ。

　左に折れ、係留された漁船を右に見ながら家並みに沿って進む。そのまま高串橋を渡って行くのだけれど、橋手前で左に折れて突き当たりの福祉センター高串温泉でちょっとトイレ休憩。食堂があり、ちゃんぽんがうまいらしい。前の川縁にも化粧した地蔵さん九体を見つける。

　さっきの高串橋までいったん戻り、左へ渡る。やがて斜面に棚田が見え始めた。はるか中腹に白いガードレールが見え隠れしているので、きっと道路は大きく迂回しているはず。ちょうど脇道の入口で休憩する農作業の男性二人に出会う。

「棚田を抜けるこの細道は、ずっと先で右の大きな舗装道路

河口の水際に身を寄せ合うように並んだ民家

対岸は長崎県の福島

といっしょになりますか」と尋ねる。

「ああ、この道ば上さん行かっしゃったら、峠んとこでぶつかる。車道を通るより、歩きゃこっちがだいぶ近かあ！　車も通らんし、よか道よ」

これでまた地図では見えない近道を地元の人に教えてもらった。それにしても息を切らして棚田を一枚一枚越すたびに、ここを耕す人の苦労を思う。

岬の峠あたりの牛舎では、春に生まれた子牛が干し草を食んでいた。瓜ヶ坂からは眼下に群青色の鏡のような海が広がり、小さな島がいくつも浮かぶ。苗が風に揺れる無数の棚田、肩を寄せ合う家並み、牧場に黒牛が点々と横たわり、ここからの眺めは晴れ晴れとしている。

車道のカーブをいくつか曲がると、右下の岬に国民宿舎いろは島が見える。さらに先の右に下る細道に入って満越《みつこし》の集落を通り抜ける。広い車道に出て、なだらかな坂を入江方向に下ると国民宿舎だ。つるつるした肌ざわりが特徴の天然アルカリの温泉で、午後三時までなら大展望風呂が楽しめる。建物の左に回り込むと、はね橋の前。子供が喜びそうなピーターパンの島に通じる。

島めぐり遊覧船の桟橋があって、数人の釣り客がいる。

「おい、ボラの子食べてみるか」

「えっ？」とちょっと驚いたが、その人は網ですくい上げた小魚の頭を指で折って、内臓を引き出し、背開きして、「ほい」と手のひらにくれた。まさか生で食べるとは思わず、口に入れたものの生臭くてちょっと気持ちが悪い。以前、このあたりは人工海浜ではなく、磯の香りがする砂浜が続いていた。数年前の冬、浜辺の焚き火に誘われて近づいたら、地元の人たちが小粒のカキを焼いていた。一つご馳走になったことがある。

来た道を途中まで引き返し、北に上って大浦へ向かう。棚田が見えはじめ、いつか見た八女の星野村の棚田とオーバラップする。大浦はまさに緑色の毛氈《もうせん》を眼下の海に向かって広げたよう。人間が最も手をかけた美しい景観、一年中働いてやっと作ることができるこの棚田だ。広い車道を歩きながら思い返していたら、切木《きりご》小学校前の交差点。万賀里川のバス停はもうじきだ。

道がぐるっと回り込む鬼納内の集落

9 笠原　福岡県八女郡黒木町－星野村

茶摘み頃に八女茶のふる里を足でつなぐ

五月下旬

鰐八➡60分➡パイロット茶園➡80分➡霊巌寺➡180分➡茶の文化館➡30分➡池の山前バス停＝およそ18キロ

茶摘みを控えて八女地方は茶葉が青々と茂っている。日本人の心ともいうべき茶の道。銘茶を日本全国に送り出す八女の黒木町から星野村まで、伝来の地や文化館に寄り道しながら茶畑の中を歩いてみよう。途中で作りたてのおいしい茶葉を仕入れ、地元の人においしい淹れ方を習えば一挙両得。茶葉の緑が美しいこの時期、梅雨の晴れ間に最適な遠足になる。

黒木町も星野村も路線バスの本数が少ないので、前もって接続をしっかり調べておかないとむだな時間をつくる。行ける所までバスで、後はタクシーを上手に利用するしかない。黒木のバス停横にタクシー会社があるのでその点は便利。笠原川を上って小川内から南に入り、鰐八《わにばち》あたりまで送ってもらおう。

鰐八には淡路系の黒木文楽が今も受け継がれている。公演は一月、七月、十一月の年三回、りっぱになった旭座人形芝居会館で上演される。人形を操るのはそばで田畑仕事にいそしむ村の人たち。今年の芸題や日取りを尋ねてみた。

キイチゴ

白い花も
あった
ホタルブクロ
(ききょう科)

八女・福島へ向かう
至八女市
堀川バス
池の山前
ゴール
十籠
役場がある
星野の中心
部
池の山
池の山荘
テッペンカケタカ
キョカキョク
ホトトギス
麻生池
茶の文化館
釈形から池の山
までの林道は
一本道で
迷う心配は
ない。
星野村
星の水
コップが置いてあり
早速、ノドを潤す。星の水はおいしいぞ!
こんなモニュメントにぶつかったら、左へ。星野村入りだ。
ここから山越えして
星野村へ向かう
黒木町
釈形
しゃかた
茶畑
霊巌寺の裏には
日本三大奇岩群が
ある。猫岩もあるよ!
B・S鹿子尾
石
庄屋村
お茶の里記念館
物産から休憩
まで、利用しよう!
B・S霊巌寺
(16時57分の黒木行あり)
B・S
釈形
文
笠原のパイロット茶園
の道で、鹿児島から来た
バリカン式茶摘機の
セールスマンと出会った。
お茶葉のこと、いろいろ
教わった。
屋敷
笠原川
茶畑
スタート
黒木文楽
旭座人形芝居会館で
年3回上演
される
歯ブラシと
湯杏
至黒木町役場
八女市
鰐八
どこの庭先にも山の神の
湧水が引いてあって、飲料
はもちろん生活用水として
大切に保護されている。
笠原パイロット
茶園
鬼納内
霊巌寺までは、大体
この標識を頼りに
するが、たまに風などで傾いてあらぬ方向
を指していることもあって、注意すべし!
山ノ神
鰐八川
製茶工場が
集落には必ず
ある
大山祇命神社
三十六歌仙の
絵馬がいい
水はおいしいし、
山土だし、この地区の
お米はおいしいと評判だ
土取
霊巌寺まで
約5km

山ノ神のみごとな段々畑

ここから山の土取《つちとり》にかけて、谷に落ち込む斜面を開墾した棚田が見事。田植え前は人出も多く、耕したり、水を張ったり誰もが忙しく立ち働く。いちばん上の集落の山ノ神においしい清水が湧き出している。各戸まで引いたパイプから飲み水を分けてもらった。この湧水のおかげでここの米がおいしいのだそうだ。水源は川向こうの藪の中、斜面に白いパイプが見え隠れする。家の石垣には赤い大きなキイチゴに混じってドクダミの白い花が咲き、赤紫や白のホタルブクロが風に揺れる。

奥まで上って左に回り込むと、山の頂一帯が広大な茶畑。茶摘みを待つばかりに茂った緑、黒い紗のかかった玉露用、木を休ませるために深く刈り込んで枝だけになった茶色の畑、次の世代の苗木を育てる浅緑の畑、緩やかに波打ちながら見晴らす限り続いている。ここが笠原のパイロット茶園で、鬼納内《おんのうち》へ下るまで延々と続く。

鬼納内とはいかにも恐ろしそうな名前だと思っていたら、何だかほっとするような山里で一目で好きになった。東に山ノ神の神、真西に鬼納内の鬼、山を挟んで神と鬼が同居する。その先は蔵柱、屋敷、庄屋村と村の規模を大きくしながら笠原川を下る。

八女茶発祥の地といわれる霊巌寺は、次の栢木《かやのき》の入り口の右手の急な石段を登る。応永十二（一四〇六）年に明の留学から帰国した栄林が、自らが禅の修業をした蘇州霊巌山寺に似た当地の景観をめでて寺を建立し、持ち帰った茶の実を村人に与えて製茶技術を伝授したのが始まりだったとか。裏山には修業のための座禅岩、ほかにも男岩、女岩、仲人岩、犬岩、猫岩と奇岩がそびえる。西に向かう坂下のお茶の里記念館では笠原の茶葉を売っているが、ついでに茶の淹れ方を教えてくれと頼んだら、

幹線道路を外れると笠原はどこも歩きやすい

延々と茶畑が広がる笠原のパイロット茶園

「茶葉はけちらないこと、沸騰した湯を少し冷まして注ぐこと。ゆったりした気持ちで淹れるのが肝心」と、おいしいお茶を飲ませてくれた。

次は釈形《しゃかた》から右に上って山越えし、玉露がおいしい星野に向かう。ここから池の山まで舗装された一本道の林道で迷うことはないけれど、約八キロほど人家もなければ車に出合うことも稀。ただうれしいことにこの時期は道沿いに赤や黄の甘酸っぱいキイチゴが鈴なり。時々、摘んで口へ放り込みながら先を急ごう。

峠から少し下った右斜面からパイプで導かれた水が湧き出していた。喉の乾きに負けて口に含んでみた。はたして少し下った所に「★の水1キロ」の表示があったので、飲める湧水だったのだろう。あの命名は星野水の駄洒落か。

これから夏に向かって暑くなると、冷たい山清水がおいしい季節。湧き出ているからといってどれでもそのままで飲料水に適しているとは限らない。飲み水の表示があって、湧き口にコップなどが置いてあれば少し口に含んで試してみる。現地で喉を潤すのはせいぜいコップ一杯ぐらいにして、後は手持ちの水筒に詰めて持ち帰り、家で沸かして茶やコーヒーなどを淹れれば山水も安心して味わえる。

こちら側も所どころ、杉の植林の間の切り開かれた畑に茶葉が青々と茂っている。やがて、星の文化館にさしかかる。星野村はあちこちに文化施設を持っているので、しっかり計画を立てていないとすぐに時間が足りなくなってしまう。ここには口径六五センチの反射型望遠鏡を備える天文台がある。すぐ下の茶の文化館では茶の歴史や文化が勉強できる。八女茶の道の最後の仕上げに茶の文化館にはたっぷり時間をかけたい。売り切れていなければ、飛びっ切りおいしい足立菓舗の玉露羊羹と饅頭を土産にする。文化館から池の山前のバス停までもかなりあるので、時間を逆算して再出発しないと、最終バスに間に合わなかったということにもなりかねない。

もう少し下った星野温泉池の山荘は手頃。星野川あたりではホタルも見られるし、茶壺を集めた古陶星野焼展示館に足を運んでみたければ、星野で一泊というのも悪くない。

10 宇久島　長崎県北松浦郡宇久町

海から昇る太陽を大浜で待ち伏せ

六月上旬

大浜の日の出

これから夏にかけて、ぜひ歩きたいのが宇久島。五島列島の最北端にある周囲二〇キロほどの美しい島だ。観光地としてあまり知られていないから、コバルトブルーの遠浅の海、果てしない緑の大草原、幾重にも重なる島影や入り組んだ海岸線、ありのままの自然をそのまま体験できる。それにもう一つ、島まで往復する巨大客船ののんびりした船旅も潮風に吹かれていい気持ち。

地図を見ながら今まで「五島は遠い！」とあきらめていた人は多いことだろう。ところが福岡からはおあつらえ向きの足があるのだ。真夜中の十二時一分に博多ふ頭を出港し、夜明け間近に宇久島の平に接岸する野母《のも》商船の太古。帰りは復路で夕暮れまでに福岡に送り届けてくれる。一三〇〇トンの巨大フェリーで一日一往復、大人片道四千百六十円。つまり一万円あれば、船旅＋宇久島遠足が日帰りで楽しめる。

せっかく夜明け前に着いたのだから、海から昇る朝日を見ようと急いで大浜海岸を目指す。薄暗い中、道標に従って三十分。弓なりの砂浜の縁にたどり着いた頃、空

■右 ── 大草原に立つ対馬瀬灯台
■左 ── 野母商船太古
■下 ── 梅ノ木の集落

平➡30分➡大浜➡120分➡野方草原➡40分➡三浦➡50分➡木場（➡バス20分➡）平＝およそ12キロ

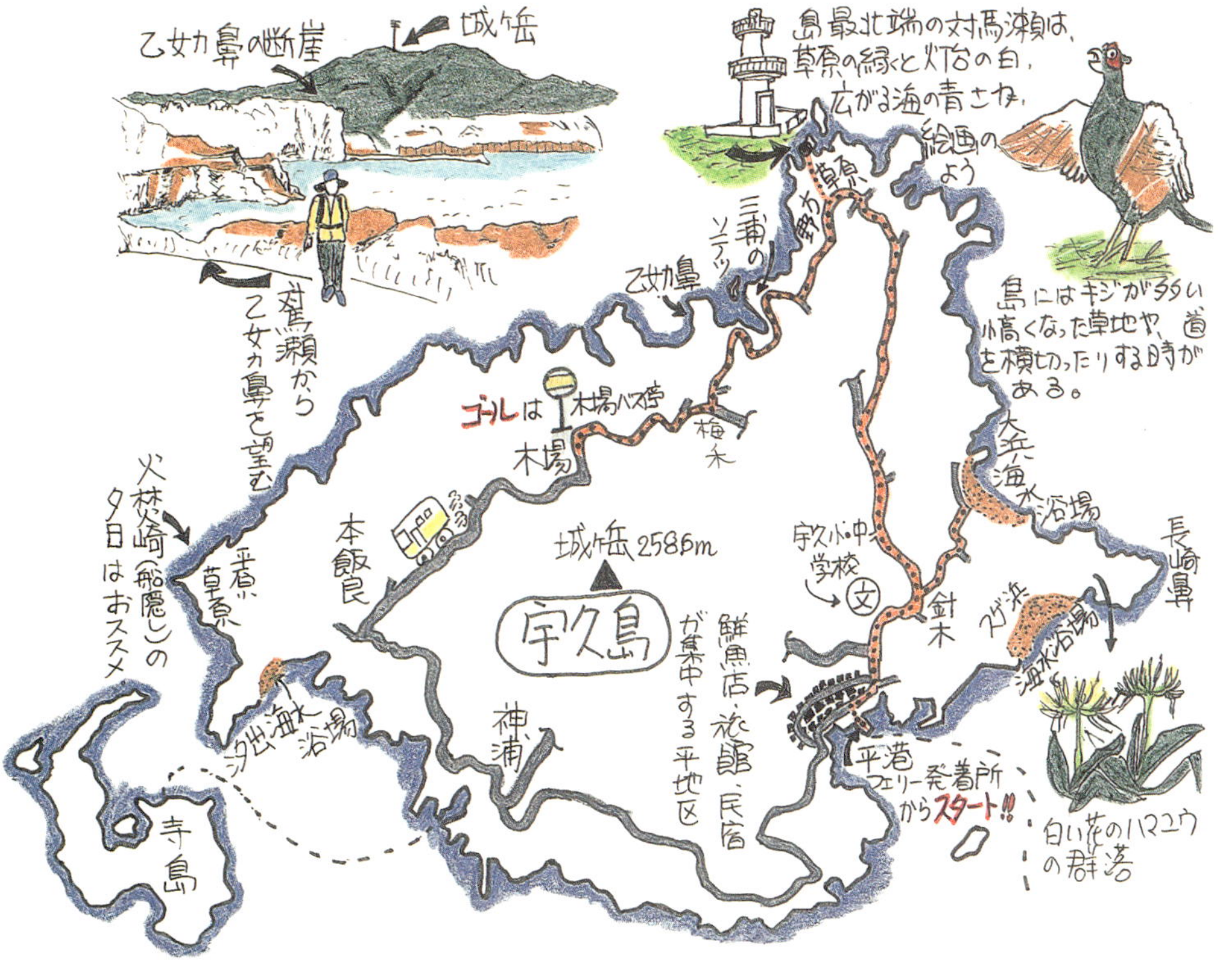

高台から見下ろした平の町並み

を一面赤く染めて昇り始めた。水平線から離れると、今度は海面にキラキラ輝く太陽への道が出現する。胸がドキドキするようなこんな光景が毎日繰り返されているのだ。夜明けの一大イベントを観賞しながら海辺で朝食を食べるなんて至福の時にちがいない。

浜沿いに野方草原まで通じていればいいのだが、車道は次の入り江で途切れていた。一度、針木まで引き返して緩やかに上る車道を北へ。上り切って振り返ったら、平の港と南に連なる島々が眼下に美しい。

五島はサツマイモで作った「かんころもち」が名物だが、なるほどあたり一帯イモ畑。道端で苗の植えつけ作業をしていた村上安治郎さんご夫婦に声をかけた。

「そりゃ、土の良かけんね。潮風に当たってうんと甘もうて味がいい」と、まずイモ自慢。五島の中でも宇久島にだけキリシタンがいないこと、十年前からキジを禁猟にしたのでよくあちこちで見かけるようになったこと、放牧されている牛は子牛を産ませるためと、いろいろ宇久の情報を仕入れる。福岡から来たことを告げたら、五人の子供たちは全員福岡に住んでいるとか。

「あんたたち、ここまでずっと歩いて。そりゃ、大変やったろう。うちは島に六十年おって、海から昇る朝日をまだ見たこつはなかあ」と笑う。別れ際に村上さんご夫婦が丹精込めて育てたサツマイモで作ったかんころもちを必ず土産に買うと約束する。

そのまま北進して対馬瀬へ向かう。登校時間なのか自転車をこぐ中学生や、数人ずつ連れ立った小学生と何組もすれ違う。「おはよう」と声をかけたら、「おはようございます」と元気な声が団体で返ってきた。ついでに「学校までどのくらい」と尋ねたら、小さな子の手を引く上級生が「学校まで毎朝一時間歩いて通います」と平気な顔だ。

道が大きく迂回して、対岸の丘の上に小さく対馬瀬灯台が見える。野方草原にたどり着くと、放牧地の果てに白い灯台が真っ青な海を背景に立っていた。広々とした草原では褐色の牛が

歩きやすい道が丘を越えて続く

少し前まで福岡に住んでいた中村さんに木場で出会う

のんびりと草を食べている。見返ると断崖絶壁が乙女ヵ鼻まで濃紺の海に切れ落ち、その向こうに島唯一の山、城ヶ岳のやさしい姿。

野方の集落に出る手前、天然記念物の三浦の蘇鉄《そてつ》の道標に導かれて入江へ下りる。幹線道路や幅の狭い車道や簡易セメントの歩道が、縦横に集落をつないでいるので方角を見失わないようにしたい。畑で作業する人に出会ったら、行きたい集落名を告げて自分の位置を確認しながら進む。島だから周囲の海と中央にそびえる城ヶ岳を目印にすればわかりやすい。

三浦湾を回り込み、少し上って梅ノ木の集落。城ヶ岳への登り口を左手に行き過ぎて、内陸部の木場へ着く。島の東半分は歩くしかないが、木場から西半分にはバスが平日なら一日五往復通う。ただし、学校が休みの日祭日はあと二・五キロ西の本飯良まで行かないとバスは来ないが、そこなら一日八往復に本数が増える。

ログハウス風の木場のバス停でコーヒーを沸かしていたら、通りがかった中村まさえさんが声をかけてきた。

「あら、福岡からなの。私も二年前に福岡からこの島に帰って来て、田舎暮らしを始めたばかり。そうね、宇久自慢といえば、火焚《ひたき》崎の船隠しからの夕陽がとってもきれいよ」。残念。帰りのフェリーにあわせて、一時頃までに平に戻らなければならない。それでも島には八時間滞在したことになる。すっかり友達になって話に熱中していたら、いきなりバスが来て慌てて別れた。

なるほど、バスが内陸から西の海岸線に下りて来ると眼前に入り組んだリアス式海岸。寺島を挟んだ汐出浜《しおではま》あたりの景色がとてもいい。火焚崎へは古里から右手に入るはず。バスはほかに乗客もなく、貸し切り同然だった。集落を通過するたび、見晴らしのいい場所に差しかかるたび、運転手さんのガイドに気合いが入る。

平の中央商店街で活きのいいにぎり鮨をたらふく頬張るとか、魚屋でパックを買い込んで船上刺身パーティーを実行しなければ、魚がおいしくて安い五島へ来た目的は完結しない。または十二軒も旅館や民宿があるので、新鮮な魚料理目当てに泊まるのもいい。となると、最西端の船隠しで海に沈む夕日をぜひ見たいものだ。

湧水と温泉をつなぐ高原の道

11 花牟礼山　大分県玖珠郡九重町ー大分郡庄内町ー湯布院町

六月中旬

湯平温泉から花牟礼《はなむれ》山のすそを巻いてやまなみハイウエーの朝日台までの道のりは、二十年ぐらい前にも一度歩いたことがある。当時は周遊する道がなかったので、湯平を出てすぐの田伏《たぶせ》で行き止まりの民家に迷い込み、野良仕事をしていたおばあさんが自分の山だという斜面を登り、山向こうの車道まで送ってくれた。

庄内町に入ってからは花牟礼山を取り巻くように、内山、高津野、原中、阿蘇野、中村、栢《かや》ノ木《き》、高津原、男池を越えて花牟礼、須久保、無田など十を超える集落が点在する。右からも左からもV字形に迫る山、山ひだごとに水を集めて下る幾筋もの川、その周辺の平らな水田、斜面を等高線に沿って耕した棚田、田に水を引くための疎水、三角屋根の下に丸い土窯がのぞく炭焼き小屋、風や陽を遮るための並木、歩を進めるたびに豊かな山村の暮らしが見えてくる。

二十年間で何が変わったか。新しい大規模農道、愛称ヘルシー観光ロードを伝って、千丁無田から湯平へ逆にたどってみよう。二〇キロを超える強行軍だけれども、

クワの実

大規模農道よりも下の樹間の細径の方が魅力的

朝日台バス停➡60分➡須久保➡100分➡男池➡80分➡栢ノ木➡200分➡扇山➡60分➡温泉場バス停＝およそ20キロ

湧水の絶えることがない男池

最後に湯平温泉が待っている。

出だしは快晴、朝日台で長距離バスを降りる。高台から見晴らして、これから歩く方向を確かめる。千丁無田のはるかな広がりの向こうの花牟礼山は暗雲が立ちこめて何だか怪しげだ。山の天気はすぐ変わるからと高を括って前進あるのみ。

年ノ神に下りて、千丁無田の北に並ぶ集落沿いに東に進む。突き当たり、T字路の無田中で南に折れて、左側だけに植えられた桜並木を須久保に向かう。逆L字形に三キロ歩いて千丁無田の広さを堪能する。

須久保で左に曲がってからは、左の花牟礼山と右のくじゅう連山に挟まれ、両側から木々の緑が迫る一本道。途中で心配していた灰色の雲に突入、霧雨で髪や服がじっとり湿る。さっそく、大型ごみ袋を取り出し、底の中央と両端に切れ込みを入れ、簡易レインコートに仕立てた。そぼ濡れながら男池まで五キロ。入り口には男池茶屋とトイレあり。ちょっと遅めの昼食にしたい。

男池の水源地に下りるには百円の維持費負担があるけれども、日本名水百選に入る湧水だからぜひ飲みたい。黒岳の登り口を左に回って、昼なお薄暗い巨木に囲まれた小さな泉。周囲の木々の緑を映して澄みきった水が端の深みからゴボゴボと絶えず湧き出す。口に含むと柔らかくてほんのり甘い。

途中、看板に導かれて滝壺に下りる。ヤマボウシの花なのか、マタタビの葉なのか、山の緑が所どころ白く染まる。赤や黄色の木イチゴがおいしい実を揺らす。次は二キロで白水鉱泉、天然炭酸泉だから甘みなしのラムネ感覚。うるおす水が特殊だから奥に広がる湿原の植生もおもしろそうだ。炭酸泉は植物だけではなく、人にもいい。軽い炭酸は疲労回復になるし、胃腸の働きを整えるので、毎年夏になると、そのまま冷やして飲むために白水鉱泉の箱詰を宅配してもらっている。

キノコ栽培が盛んな所小野を抜け、雨も止んで陽の当たる里山に出た。川の土手に黒紫に熟れたクワの実を見つけた。久しぶりだったのですっかり忘れていたが、頬張ると甘酸っぱい洋ナシの味。珍し

山村をつないで続くりっぱな車道

扇山で出会った甲斐さんと大豆苗

さも手伝って、次から次に口に投げ入れていたら、近所の人から笑われた。ついでにどこへ行くのかと尋ねられる。

「ええ、歩いとるのお。私ら、よう歩かんわあ」

栢ノ木で振り返ったら黒岳が見えた。ここから先、阿蘇野と湯平を結ぶ一二キロの大規模農道が昭和末に完成した。車なら二十分。村々を眼下に、トンネルを三つくぐって最短距離でつなぐ。

「近いよ。歩いても一時間はかからん」と道を尋ねた女性は気やすく言ったが、近年どこへでも車で移動する村人に、歩いてどれぐらいなんて聞くのがまちがっていた。行けども行けども家もなければ、人もいない。予定の一時間はとっくに過ぎて、次の一時間も終わりに近い。

左の山手は所どころに放牧地が広がるが、右手は藪が続いて展望がない。原中に下りる道に古い用水路を見つけたので少し追ってみた。思った通り棚田が里まで下りて行く。緑にたなびく棚田も曲がりくねった川も、景色は二十年前に見たのと同じだった。気になるのはたまにしか車が来ない巨大な農道と、不気味に切り取られた山肌。「利便」と「開発」の意味を考えながら一歩一歩足を踏み出す。六〇〇メートル近い観音トンネルを抜けた扇山で、畦に大豆の苗を植えるおばさんがいた。道のりの遠さとトンネルの暗闇の怖さで萎縮した心が、人に出会ったうれしさに、「枝豆ですか」とつい声をかけさせる。

「いや、味噌をつくる大豆。昔は豆を埋めとったが、カラスがほじくるので、育った苗を植えることにした。毎年毎年、カラスと人の知恵比べ。田一周にちゃんと実が入れば家族一年分の味噌になる」

互いに名乗りをして、村の暮らしを教えてもらう。扇山団地には子牛を生ませるための牧場が多く、甲斐蓮子さん宅では六十頭飼っていて、この春に五頭も生まれて忙しいそうだ。今は息子に代を譲って楽隠居の身分。

やがて終点、湯平温泉の共同浴場の湯舟に浸かり、遠かった遠足の道のりを思い返せば、豊かさに心もじんわり浸されていく。

12 由布川峡谷　大分県別府市－大分郡挾間《はさま》町

水音と小鳥の声だけがこだまする別天地

六月下旬

登山家の吉川満さんに八代まで会いに行ったことがある。著書は何冊も愛読していたが、本人にお会いしたのはその時が初めて。沢登りをテーマに話をうかがい、草鞋《わらじ》の活用法を教えてもらう。意外に小柄で繊細な吉川さんの印象に、沢遊びをとても身近に感じたものだ。

本格的な沢登りは脚半《きゃはん》、地下足袋《じかたび》、さらに縄で縛る草鞋を履くのだとか。由布川峡谷でも椿から猿渡の間程度なら、鼻緒だけの草鞋で十分。靴のまま水に入れば帰りの平地が気持ち悪いし、素足では怪我や事故が心配になる。

そのためには、まず足の大きさにあった草鞋を探す。大きすぎると足がずれ、小さいと指の爪を痛める。乾いたわらは切れやすいので、歩く前に十分水を含ませること。川原の岩は滑ったり、ぐらぐら動いたりするので、飛び移らずに慎重に重心を動かした方がいい。

『九州の沢と源流』（葦書房）に、初めて吉川さんのグループが泳ぎつないで遡行した一二キロの由布川峡

両岸は絶壁，幾筋も滝になって降る猿渡橋の下

グミ

椿バス停➡20分➡椿峡谷入口➡30分（峡谷で昼食までゆっくり過ごす）➡猿渡入口➡15分➡自然公園つり橋➡20分➡平➡15分➡谷ヶ渕入口➡20分➡辻➡30分➡茅場➡60分➡陣屋の村➡40分➡ＪＲ向之原駅＝およそ10キロ

草鞋を履いてせせらぎで遊ぶ

谷が紹介されている。文中の「人跡未踏」や「日本でも最高の難易度」の文字が脳裏にちらついて、今年こそは夏の沢遊びに出かけるぞと張り切った。

　由布川は由布岳と鶴見岳の鞍部から流れ出し、大分市を抜けて別府湾に注ぐ。特に別府市の椿から挾間町の来鉢《きはち》までは、流水が凝灰岩《ぎょうかいがん》を侵食して五十におよぶ淵や釜のある峡谷となり、狭い川幅の両岸に五〇メートルを超す絶壁を形成しているらしい。谷への下り口は椿と猿渡と谷ヶ淵の三カ所。椿までと、川を離れる朴木《ほうのき》から茅場を回って、陣屋の村で温泉に浸かり、向之原駅から久大本線に乗る遠足の道程は決まったが、峡谷の中は行ってみなければ歩けるかどうかわからない。

　さすが秘境なだけに現地まで到達するのが難しい。近い公共交通をと南の久大本線ばかり見ていたら、距離的には意外と別府が近い。おあつらえ向きに駅前から椿を通るバスの境線。もちろん本数がないのでJRとの接続を調べておかなければうまくいかない。残念なのはこれが平日のみで日祭日はないこと。休みを利用する時は、タクシーで八キロぐらい送ってもらうしかない。

　別府駅前から亀の井バスに乗り、鶴見岳のロープウエーを過ぎ、鳥居で南に折れるとやがて由布川。橋脚が美しい合棚《あわせだな》の橋あたりから目当ての峡谷が深々と切れ込む。ところが、上からのぞいても木の枝がかぶさって、そんな谷がこの下にあろうなどとは想像し難い。バスを降りてのどかな椿の集落を抜けたら、見事に実ったグミの木に出合った。いったん県道に戻り、地名の元になった古くて大きなツバキを右に見上げ、「東洋のチロル　由布川峡谷」の看板に導かれて左の坂を下る。

　絶壁にはりついた階段を下りると、想像をはるかに超えた不思議な光景の中に身を置いていた。首の長い壺の底に立っているかのようにうに壁がS字にえぐれ、張

小鳥やカジカの声がこだまする峡谷

つり橋を揺らして駆け抜けた地元の小学生たち

り出した緑から白いカーテンのように幕になって水が落ちてくる。木の葉を通して注ぐ緑色の太陽の光、黄緑に発光しているかのようなシダやコケ、小鳥やカジカの声と水音だけがこだまする幻想的な別天地だ。下りた所がちょうど撮影ポイントのチョックストンらしく、アマチュアカメラマンが大挙して押しかけ、「ファインダーに入るからどいてくれ」と、おちおち眺めてもいられない。

大丈夫かなと気をもみながら岩を渡って川下へ進む。流れの幅や絶壁の高さは、ヒョウタンのように狭くなったり広くなったり。こっちは人気もなく、ゆっくり景色が楽しめる。途中、溜り水の中にウジャウジャ動く茶色の塊を見つけた。泳いでいるのは丸い頭と先が細くなった尾だけだけれども、陸地に上がりそうなのは後ろ足が、上がったのは前足も出ている。こんなふうにカジカになるのだと、まったく標本そのもの。二、三百匹が一塊で、ほかでも何カ所か目撃した。

コーヒーを沸かしていたら、瑠璃《るり》色の羽が美しいオオルリがかすめた。イワタバコの艶のある黄緑色の新葉もきれい。結局、まくり上げたズボンのすそを少し濡らす程度で七五〇メートル先の猿渡に行き着く。対岸に鉄製の階段が絶壁の上へ延びる。猿渡橋の向こうは両岸が狭まり、細くなった流れが勢いを増す。ここから吉川さんたちが初めて遡行した人跡未踏の峡谷が始まる。

手すりを握って階段を用心しながら上る。峡谷が木におおわれて薄暗かったのに比べ、木の枝の上は眩しいほど明るい。東岸を詰《つめ》方向へ行くと自然公園の標識。従えば小平茶屋にたどり着き、つり橋を渡る。そのまま棚田を登りつめて車道に出る。時間が許せば谷ヶ淵でもう一度、峡谷に下りてみたい。

朴木の辻から茅場方面の道に入る。ため池を過ぎた愛宕神社の駐車場に茅場の名水を引いた蛇口があって、管理人のいる日曜ならば汲むことができるとか。ここから陣屋の村までの道のりはわずか三キロほど、なのに歩くとやたらに遠い。陣屋の村の温泉館の入湯料は大人二百円、営業時間は十時から二十時。やっと着いた温泉館の湯舟に手足を伸ばせば、そんな単調な場面は忘れてしまい、深遠な峡谷の美しさだけが繰り返し思い出される。

13 脊振南麓　佐賀県神埼郡三瀬村－脊振村

豊かな時が流れる草上の昼食

七月上旬

脊振の尾根は登山ルートとして有名だ
小爪峠
椎原峠 800m台
脊振山 1055m
木槌は体持ち帰り脚気が治ったら、お礼に2本にして奉納するんだそうな
脊振村 せふりむら
三瀬村 みつせむら
時には立ち止まってじっと耳を澄ます。テープレコーダーに採録すれば、自宅で臨場感あふれるナチュラルサウンドが楽しめるよ。
テープレコーダー
小爪峠へ
椎原峠へ
吉野山キャンプ場へ
井手野
案内板
柳瀬
三瀬小藤原分校
4年生まではこの分校で学んでいます。
一谷峠
峠までゆるやかに登る
一谷の観音さんの祠の水。渇いたノドを潤すのにちょうどの場所
ミルク用のジャージー牛を2～30頭、年中放牧している。
村営牧場
一谷
脊振神社
田中
東脊振村中原町へ
佐賀市へ
お店には電話、食品、自販機がある
伊福
昭和バス停伊福
村の中心部広滝へ
ゴール

宿➡40分➡脚気地蔵➡70分➡井手野➡20分➡藤原➡60分➡一谷➡40分➡伊福バス停＝およそ11.5キロ

ヤブカンゾウ

何もない所の良さがわかるようになれば遠足も佳境の部類。道端に咲く小さな花が自然と目に飛び込み、葉陰に隠れた小動物の営みが見え始め、谷を渡る小鳥の声に耳を傾けて足を止める。何よりも微妙な季節の移ろいを五感を全開にして捉えている。

「とにかく道は車で走らねば」という視野狭窄《きょうさく》の文明病が克服できたら大したものだ。体の下半分を占める足は歩くためについているのだし、道は縦横無尽に山、川、海、里をつないでいる。というわけで標高が

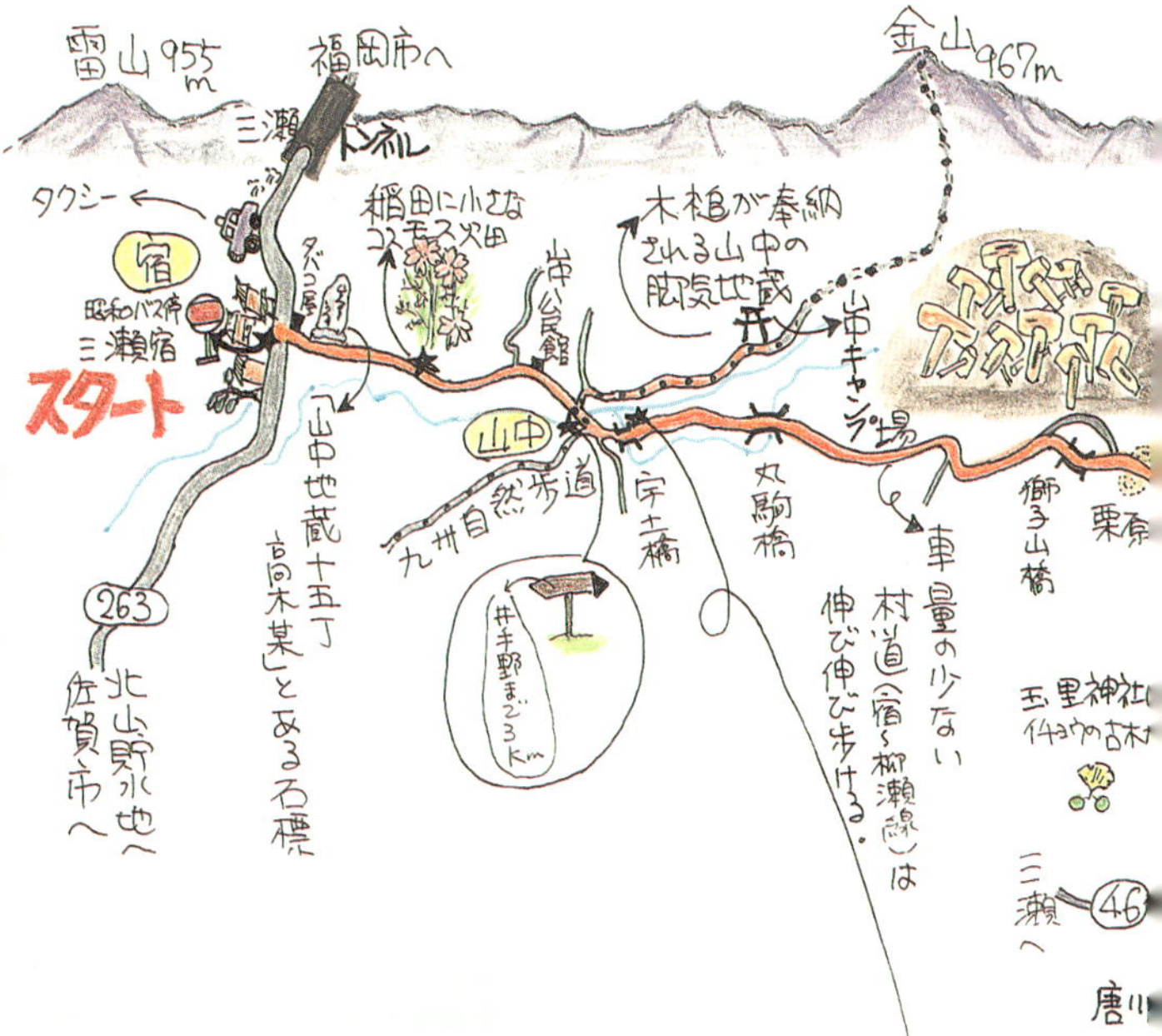
雷山955m
福岡市へ
金山967m
三瀬トンネル
タクシー
宿
昭和バス停
三瀬宿
スタート
タバコ屋
稲田に小さなコスモス畑
木槌が奉納される山中の肥陰地蔵
山中公民館
山中キャンプ場
山中
九州自然歩道
宇土橋
丸駒橋
「山中地蔵十五丁 高木某」とある石標
263
北山貯水池へ
佐賀市へ
井手野まで2.3km
車量の少ない村道(宿~柳瀬線)は伸び伸び歩ける。
獅子山橋
栗原
玉里神社 イチョウの古木
三瀬へ
46
唐川

ウインナー
カマンベールチーズ
キュウリ
トマト
レモン
ホットコーヒー
脇道にちょっと入った土手の草地。コーヒーを沸かしてフランスパンのサンドイッチだ。うまい空気もいっしょに食べた。

山中の集落で見たわらぶきの民家。

日が陰った時を見計らって草っ原で弁当を広げる

少しでも高い所へと暑さを逃れ、脊振山系の南麓を目的地に選ぶ。

ところが、現地に到達するまでがなかなか難しい。平日は脊振山系の手前の野河内《のごうち》までしかバスがない。日祭日ならどんぐり村まで

道と立ち木が不思議な曲線を描く

直通バスがあるのだが、今度は終着点の伊福からのバスがないので、あと五キロ下の広滝まで歩かなければならない。伊福から広滝まではほとんど緩やかな下りだし、全行程一六キロだから歩けない距離ではない。楽なのは平日に行って野河内から宿までタクシーに乗るか、日祭日に行って伊福から広滝までタクシーに乗るか。金額的には同じぐらい。

三瀬トンネルを越えてすぐの宿から脊振山に向かって東に歩く。道路があまりにも立派なので、本当に目的の里山をつなぐ昔からの道なのか不安になって、行き過ぎようとしたご夫婦を呼び止める。

「十五分で山中、そこから右手に入ったらお地蔵さん。そこの石碑に『山中地蔵十五丁』と書いてあろうが」

子供の頃は三瀬峠を越えて福岡の姪浜の愛宕神社まで歩いて行ったと、二人とも足に自信ありげ。話が弾んで村史を見に家へ立ち寄れと誘われる。

九州自然歩道の案内板に従って山中キャンプ場に入る。ゲートボール場の右斜め前方に、室町時代から脚気《かっけ》地蔵を祀るという社。いつまでも遠足できる丈夫な足であってほしいのでお願いするために立ち寄った。引き戸を開けると碁盤状に描かれた天井絵が見事。祭壇前に山形に炎を揺らすろうそくに照らされて小さな木槌《きづち》が山積みになっている。

「一本借りて帰って、悪い足をその木槌で叩くと。治りゃ、二本にして返しゃあいい」と、ゲートボールをしていた村の人たちが寄ってたかって教えてくれた。このまま登ると金山山頂に至る九州自然歩道。もとの車道の少し先に畦径でつなげそうだが、川沿いなのでヘビが気になって車道回り。緑色の小さなアマガエルがこちらの様子を葉陰からうかがっている。

小川の土手で草上の昼食。挽いた粉を沸かした湯に投げ込むカナディアンコーヒーと、カマンベールチーズや焼きウインナー、レモン、トマト、マーマレ

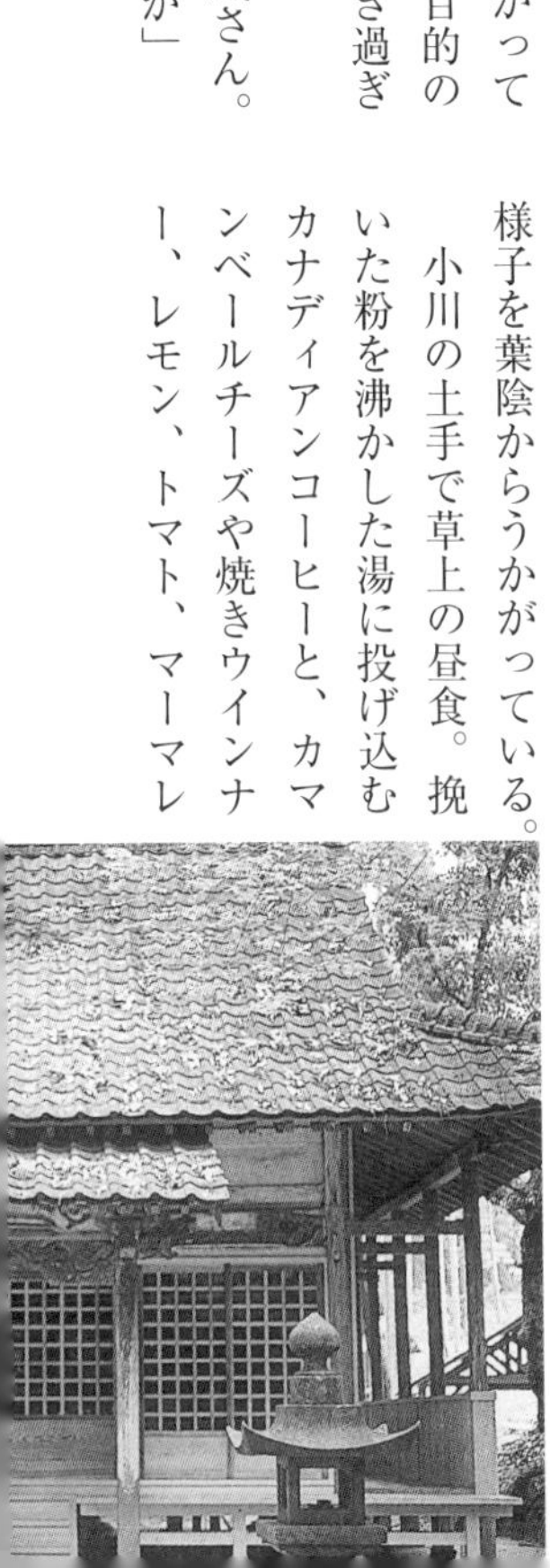

いつまでも遠足できますようにと脚気地蔵にお参り

山から引いた一谷の山清水で喉を潤す

ードを輪切りのフランスパンに挟んだサンドイッチ。遠足の時ぐらい、ゆっくり食べることを楽しみたい。草の上に座っている間、雲が陽差しを遮ってちょうどいい。じっとしていたので、いつの間にかアキアカネに取り囲まれていた。

運動と思ってただひたすら歩くより、楽しみはたくさん持っている方が遠足する張り合いがある。小道具に録音機やカメラ、スケッチ道具を持って歩く。もちろんペン一本と紙切れさえあれば事足りる俳句でもいい。たとえば録音は虫や鳥の声、風で木々が擦れる音、水のせせらぎ、滝の瀑音を入れ、自分なりのナチュラルサウンドに編集する。またはマイクを体につけて歩き、歩行リズムを認識するのも遠足上達への道。単調な足音にかぶせて遠くでさえずる鳥の声、意外に夜の眠りを誘うサウンドになるかもしれない。

宇土橋、丸駒橋、獅子山橋、栗原橋、金山の水が幾筋もの小川をつくる。井手野で右に折れ、柳瀬で空色のペンキがかわいい分校の下を通って、藤原で県道46号線を左へ。またしても道は立派だが、通る車の数は本当に少ない。左の山、右の木立にさえずる幾種類もの小鳥や、地元の人がカンカンゼミと呼ぶヒグラシの合唱に耳を傾けながら、一谷《いっこく》峠まで緩やかに上る。峠が三瀬村と脊振村の村境。点在する棚田の間を下り、一谷の集落で、お堂の横まで引いたおいしい山清水をたらふくご馳走になる。

中屋敷を抜けて伊福まではもうすぐ。急に空模様が怪しくなって、ポツンポツンと大粒の滴。こんな所で夕立にあっては大変と急いでポンチョを被ったら、大降りにならずに上がってしまう。気まぐれな通り雨だったらしい。夏でしかも山間を歩く場合、雨具は必需品だ。

伊福を通るバスは脊振神社のある田中が始発。せっかく来たのだから、一・五キロほど先の脊振神社まで足を延ばすのもいい。土日には地場産品直売所も開いて、名物のわさび漬などを売る。もう少し上って広々と気持ちいい脊振村営牧場の眺めを楽しんでもいい。体力に余裕があれば伊福峠、竜作峠と峠を二つ越えて、渓流が美しい広滝まで歩きたい。

14 豊前　福岡県豊前市

豊前の名水飲み比べ

七月下旬

じっとしていても汗ばむ夏、喉の渇きをいちばん癒してくれるのは冷たい天然水。動かなくても暑いのだからいっそ精いっぱい歩いて、汗といっしょに体の中にたまった老廃物を流し出し、水分を清らかな湧水に入れ替えてしまおうと計画する。豊前市のおいしいミネラルウォーターを求めて、畑《はた》の冷泉、山谷《さんごく》の清水、火浦の清水、如法《ねほ》寺の写経水、乳の観音水を結ぶ遠足に出かけよう。飲めない写経水を外しても、ボトルに詰めた四本の天然水のお土産つき。家に帰って茶を淹れるもよし、コーヒーを沸かすもよし、オンザロックを作るもよし。

日豊本線の宇島《うのしま》駅前の八屋から二豊交通バスに乗って約二十分、終点の畑冷泉で下りる。名水の評判高い冷泉が、水神社境内の大クスの根元からあふれるように湧き出している。水巡り五カ所の中で最も整備され、そばには冷泉入浴場や茶屋も建つ。汲み場で水を両手に受け、まず一杯。その間に二組の夫婦が大量のペットボトルを携えてやって来て、パイプから流れ出る水を受け始めた。負けじと五〇〇ミリリットルのペットボトルにすり切り

ホオズキ畑

合原から水田の道を抜けて如法寺へと歩く

畑冷泉バス停➡60分➡山谷水➡100分➡火浦水（➡途中でバスに拾ってもらう 10分➡）合原➡30分➡写経水➡60分➡観音水➡10分➡千手観音前バス停＝およそ13キロ

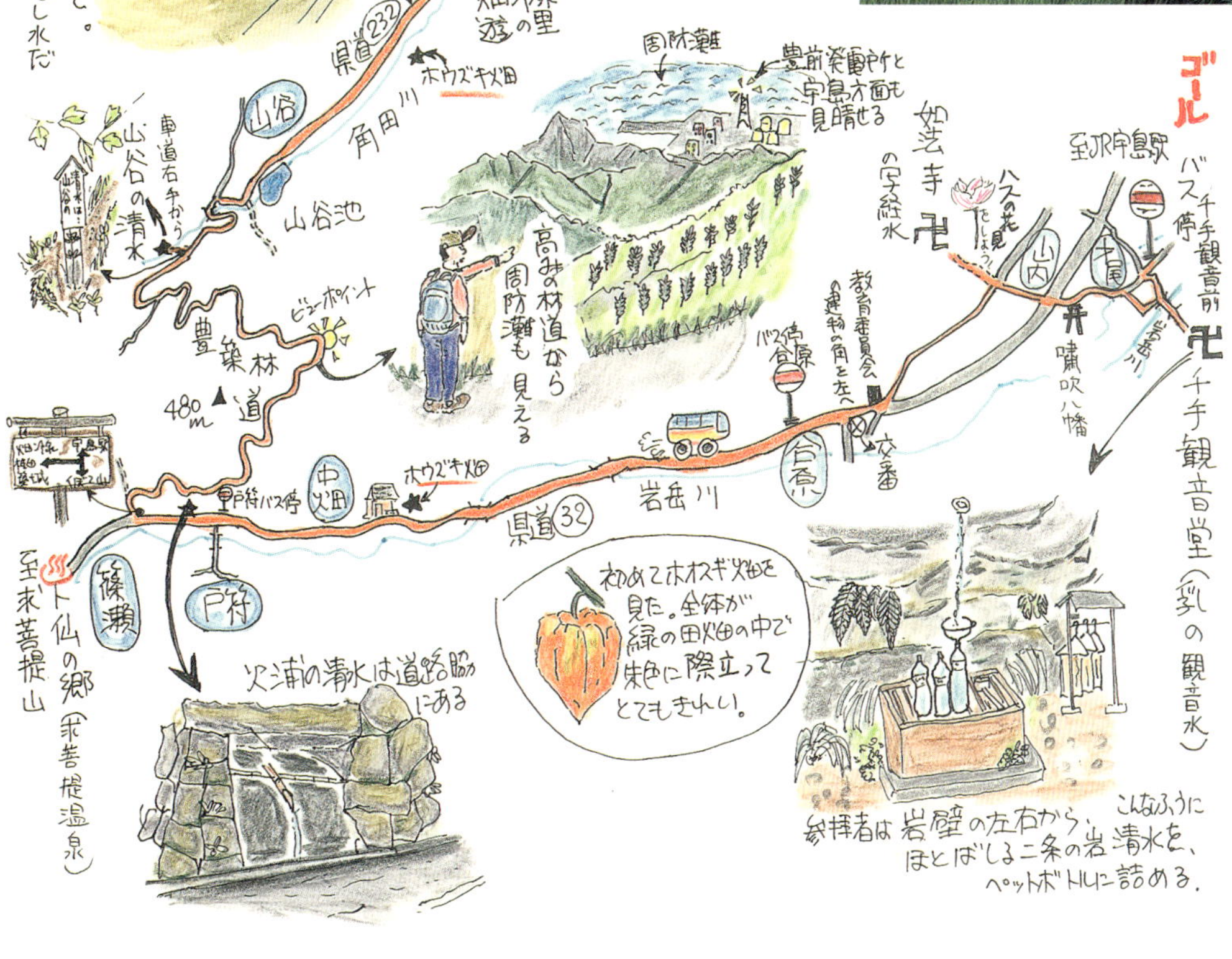

水神社の大クスの根元から豊富に湧き出る畑冷泉

詰める。体力に自信があればもっと大きい容器を用意したいのだが、これを担いで一三キロを歩くと思えば遠慮がちにならざるを得ない。もう後三カ所、四本で計二キロが加重される。

次は山谷の清水を目指して、冷泉前の角田《すだ》川沿いを上る。山ひだが左右両側から迫り、段々の稲田が目にやさしい。畑から約一・二五キロ先で豊築林道に入る。橋を渡ると間もなく林道の右側に「山谷の清水はココ」と小さな木札。藪の小径を二〇メートルも入ると、筒から一筋の水が流れ落ちていた。前にはしめ縄を張って邪気を払い清めてある。畑冷泉より上流にあるだけに、さらに冷たくてうまい。

セミしぐれとウグイスの声に励まされて再び歩き出す。豊築林道は求菩提《くぼて》山の東すそを巻く形で、山谷から篠瀬まで全長約六キロ。前半は緩やかな登り坂で、後半はもちろん下り坂。標高四〇〇メートルの低い山を一つ越えるので、杉の木立が途切れたあたりで左手の視界が一気に開け、はるか彼方の周防灘まで見渡せる。途中、高い切り通し一面にハギが生い茂った所を見つけた。これだけそろえば花の時期も見事だろう。

こんな風景の中を歩く時、双眼鏡が意外に役に立つ。八倍ぐらいの片手にのるサイズだと荷物にならないので、なるべく持参したい。バードウォッチングや肉眼で判別しにくい遠景などはもちろんだが、川向こうの道標や、バス停の文字など、わざわざそばまで行かなくても居ながらにしてとらえられる。まず小鳥などの目標物に裸眼の視線を合わせ、そのままの頭の位置で、双眼鏡を間に差し入れて接眼し、焦点を合わせる。使い慣れると便利な道具だ。

見晴らしがいいということは、日光を遮るものが何もない。所どころに咲いたピンクのヒルガオに慰められながら、炎天下の木陰のない林道を歩きに歩いてビッショリ汗をかく。下り坂から戸符《とぶ》の集落がまるで隠れ里のよ

坂を下っていると美しい戸府の集落が目に飛び込んだ

豊前の水について末吉さんにいろいろ教えてもらう

うに見え、終点も近いとホッとする。

　求菩提資料館から下りて来る県道32号線と合流した所が篠瀬。雑貨食品店で湧水の場所を尋ねたら、「このあたりに名水？　知らないよ。それよりちょっと上流の卜仙《ぼくせん》の郷《さと》に行ったら」との答。小学校跡にできたばかりの温泉施設で汗を流すのも気持ちよさそう。ちょっと迷ったが、予定を変えず西へ下る。途中で草刈りガマとクワを肩に担いだ野良姿の末吉次枝さんに出会った。

「それはこの道沿いの清水のことやろ。五十年ぐらい前までは井戸もなかったんで、毎朝やかんに汲みに来たもんよ。今も北九州の息子家族が帰省のたびにペットボトルに汲んで帰る」。火浦の清水は知る人ぞ知る名水。火浦の地名は昔、烽火で外敵の進入を伝えた地点だからだと教えてくれた。道脇の石組みが四角にくぼんで筒から水が流れ落ちていた。

　さて、路線バスはフリーゾーンだから、都合よく行き合わせたら手を上げて拾ってもらう。四キロ先の合原のバス停で下車。少し先の教育委員会の建物の横から大通りを外れて、田んぼの中の細道に入り込む。ちょっと遠回りだが、ハスの花見がてらに如法寺の写経水を見聞しよう。この水で墨をすると字が上手に書けるとか。その昔、お坊さんたちが写経するのに使っていた。境内には全国から集めたという大きな鉢植えのハスが所狭しと並んでいる。仏様の台座になるほどの花だけに、淡紅色の大輪は摩訶不思議な魅力を秘めている。
　寺から真っ直ぐ下りて山内の信号を過ぎ、嘯吹《うそ》八幡《はちまん》神社を左へ、岩岳川を渡ると巨大な一枚岩を背負った千手観音堂にたどり着く。岩塊の両端の背丈の倍ほどの位置から、まるで母乳のように水が二条ほとばしり出る。先客がペットボトル一ダースとポリタンクに清水を受けている。交渉して一本だけ先に割り込ませてもらう。この観音水を飲むと乳がよく出るとの噂だ。夕間暮れ、千手観音前からバスに乗ってＪＲ宇島駅へ帰る。

15 立石山　福岡県糸島郡志摩町

地中海の岩山とクリスタルブルーの海

八月上旬

まだまだ暑い。だけど、夏にその暑さを楽しんでこそ、四季のある日本に生まれた甲斐があろうというもの。一度、太陽直下でジリジリ焼けばふだんの暑さが平気になるなどと、あれこれと屁理屈をこねながら炎天下でも遠足に出かけたい。場所は糸島半島の西の端の立石山。標高約二一〇メートルとあまり高くはないけれど、とにかく見晴らしがいい。地中海の乾燥した風土を連想させるような石の山で、半分も登れば足下に青い海と弓なりの白砂が美しい。

もちろん事前に何の調整もなく炎天下を歩けば、くたびれるのは必定。行く日を決めたら、少し前から体を外気に慣らしておきたい。たとえば、冷房をできるだけ使わないとか、町での移動は乗り物を使わずに徒歩でこなすとか、工夫すればいろいろ方法はある。室外機やエンジン熱、舗装道路の照り返しで上昇する街中の温度に比べれば、暑いといっても自然の中はしのぎやすい。

とにかく、岩が太陽で熱くなる前に歩きたいので、始発のバスで現地に向かう。終点の芥屋《けや》で降りたら、道な

ヘクソカズラ

■右 ── しずくの形のように海まで延びた芥屋の大門
■左 ── 大岩の上から福の浦を眺める

芥屋バス停➡15分➡芥屋自然歩道立石山コース入口➡40分➡立石山山頂➡20分➡車道➡40分➡芥屋バス停＝およそ 4 キロ

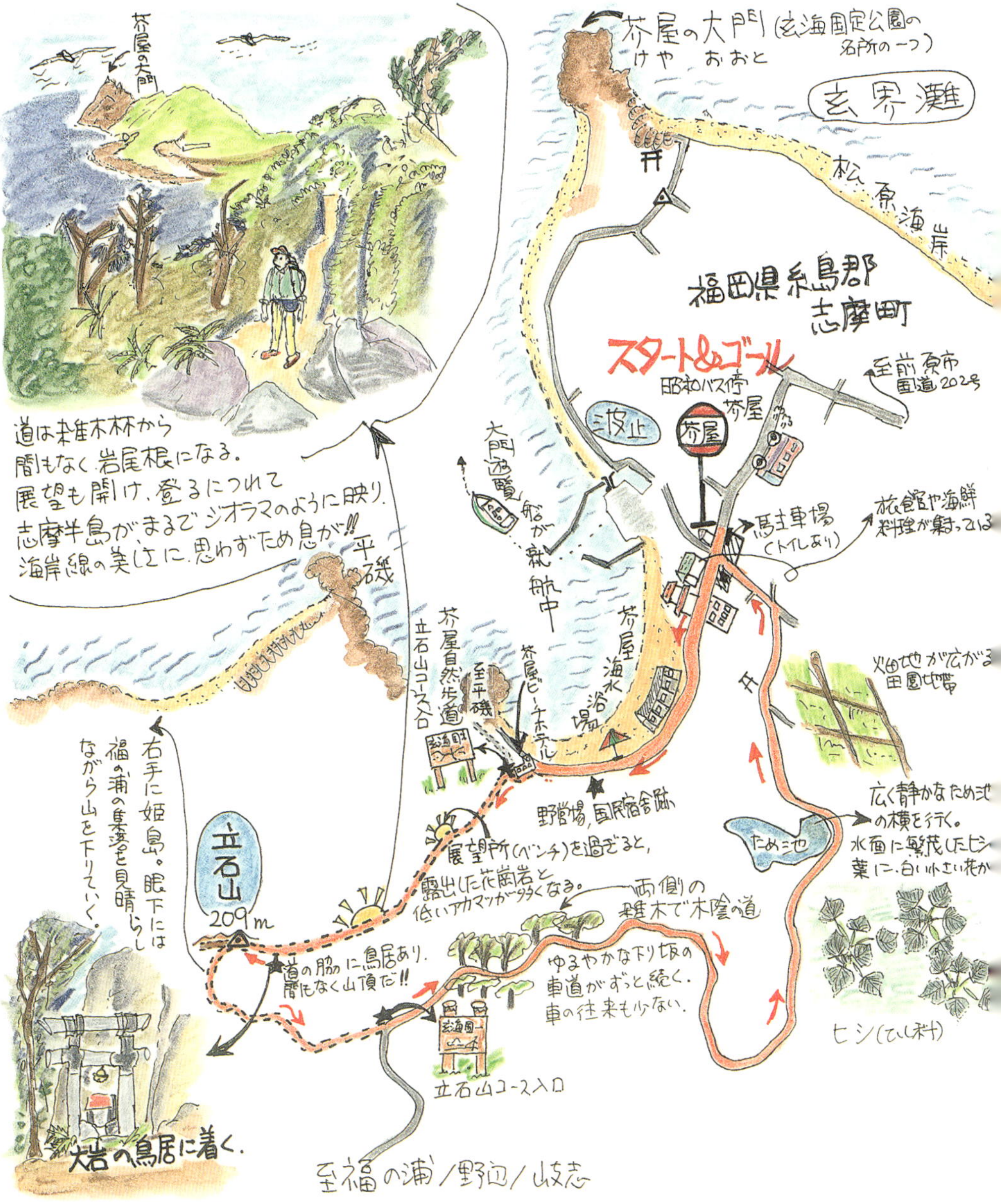

芥屋海水浴場の西に岬になった立石山

りに海水浴場へ。西端の茂みには純白のハマユウが群れ咲く。東に向かって弓なりの砂浜、数軒の海の家の前にカラフルなビーチパラソルが並び、ボートが浜に引き揚げられている。昼間は海水浴客でにぎやかなのだろうが、まだ時間が早いので何人かのビーチボーイが前日のゴミ拾いをしていた。海抜〇《ゼロ》メートルの対岸から目指す立石山の全容を眺める。

　なんとなく、アルベール・カミュの〝Noces（婚姻）〟という作品を思い出した。灼熱の太陽に熱せられてニガヨモギが匂ってきそうだ。生のままの青い空、銀色に輝く海……。まるで南イタリアやエーゲ海に面した山のように、背の低い緑にむき出しの赤い岩肌が混じる。確かにまわりのほかの山とはちょっと様子が違う。

　海岸沿いに西へ回って野営場を過ぎ、いちばん奥の廃業したホテルの裏から芥屋自然歩道立石山コースが始まる。建物の裏はうっそうとして藪蚊が多い。立ち止まると群れて刺すので先を急ごう。少し入った所で岬の先端の平磯に下りる道と登山道が分かれる。おおい被さっていた木々が次第にまばらになり、そのうち松が増えて背が低くなる。と同時に岩塊がのぞき始める。風化しやすそうなざらざらした肌合いで足運びは楽だ。のびやかな小鳥の声が谷に響く。

　まるで地中海の太陽。澄んだ青い空と山肌のコントラストが見事だ。振り返ると足下に、弧を描く海岸線が東へはるかに延びる。いったん芥屋《けや》の大門《おおと》の大岩が左端まで飛び出し、再び幣《にぎ》の浜の白砂が数倍も大きな弧を繰り返す。大門の岩山の手前はあくまでも平ら。大門遊覧船が発着する波止場が堤防に守られている。もう少し登ると南側も見晴らせる。可也《かや》山は糸島富士と呼ばれるだけあって、さすがになだらかな姿を誇る。

　雨どいのパイプを組んで作ったような鳥居を見つけた。

まるで地中海地方の岩山を連想させる山容

西の海上に姫島が浮かぶ

ここまで材料を運ぶのは大変だったのだろうけれども、なんだかチグハグ。狭まった岩の間をすり抜けて山頂の三角点。残念ながら樹木がまわりを取り囲んで展望がない。その先に続く道をたどると、今度は西の方角に視界が開けて姫島や福の浦が見下ろせる。三角点まで引き返して、登って来た道ではなく、木立の中の急な坂を西に下る道を選ぶ。

　こちらの大きな岩の上からの展望は西に唐津まで続く海岸線。福の浦の集落が海沿いに、白い砂浜が西に延びる。山手は何を栽培しているのか、ビニールハウスでおおわれている。透明度の高いクリスタルブルーの海の向こうに東松浦半島がまるで墨絵のようにかすんで見えた。

　この立石山の山塊は原生林のままらしい。深緑の背の低い雑木で一帯が埋め尽くされている。途中で海水浴場のにぎわいが聞こえ、再び木立の中を下れば車道。この道がさっきの福の浦を芥屋へ結ぶ。両側の雑木は背が高いのでほとんどが木陰。車があまり通らない緩やかな坂をのんびりと下りる。

　芥屋のバス停まで後五〇〇メートルという地点で大きなため池にぶつかった。湖面にはヒシがひしめき、よく見ると白い花が咲いている。池越しにもう一度、今征服したばかりの立石山をじっくり眺める。「ほんのちょっぴり地中海気分も味わって、なかなかいい山だった」とほれなおす。

　池を半分ほど回ると、下は田畑。左手が藪になった田んぼの端を集落へ向かう。所どころで木に絡まったヘクソカズラの花を見つけた。外が白くて、中が赤いベルベットのような色のつり鐘形のかわいい花なのに、屁の上に屎《くそ》まで冠せられた命名。匂いはなるほどよくはないが、この花を見るたびに気の毒に思う。朝が早かったので、ぐるっと回って昼頃には出発点に戻る。

　海水浴場は人が多くなってきているようだ。あちこち水着姿の若者。もしまだ元気が残っていれば、しぼれるほどかいた汗をさっぱり洗い流すために、ここで水着に着替えてひと泳ぎするのもいい。

16

鳥たちの声が響きわたる深山

英彦山　福岡県田川郡添田町

八月下旬

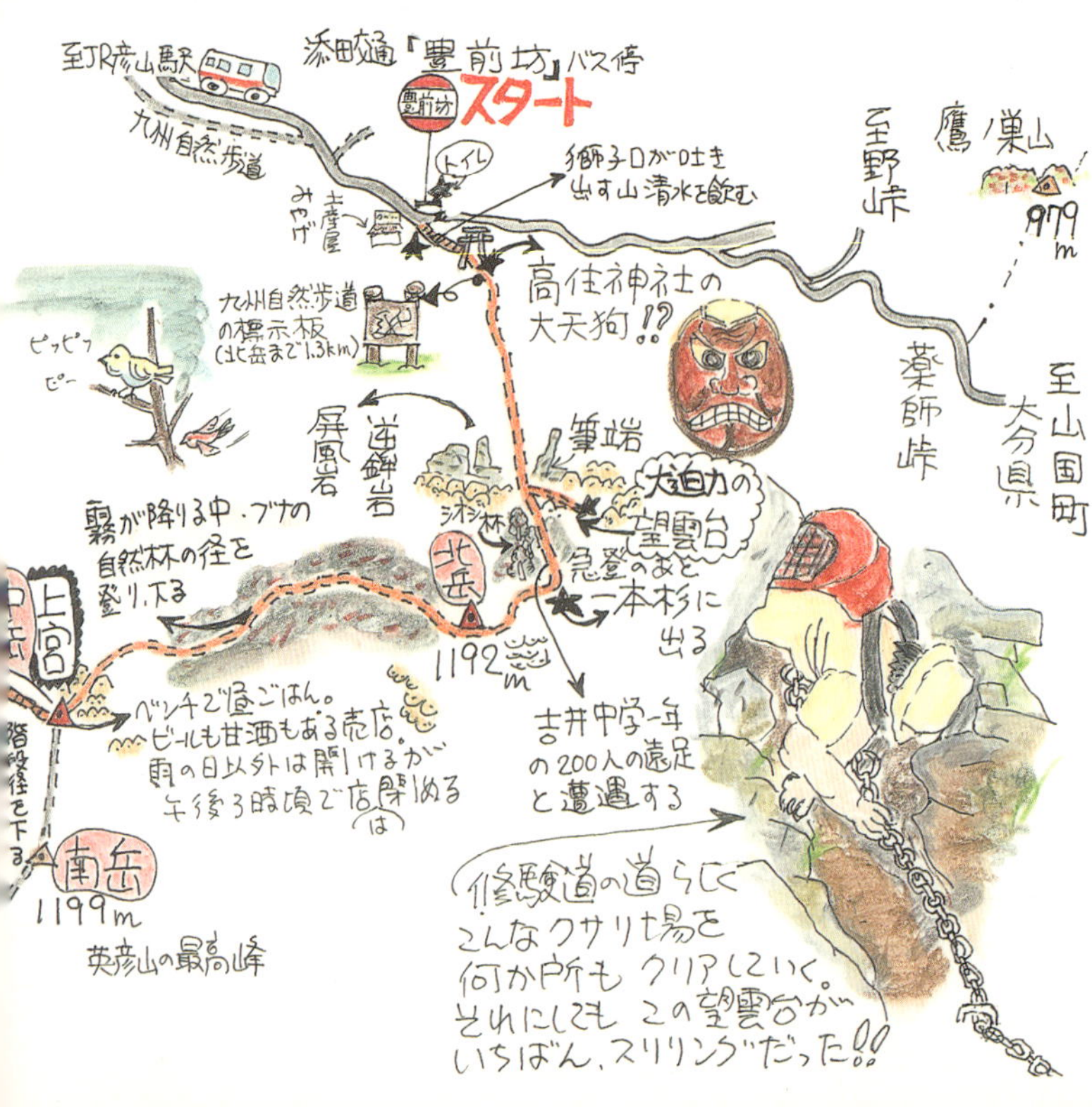

至JR彦山駅
添田町営バス「豊前坊」バス停
豊前坊
スタート
九州自然歩道
トイレ
獅子口が吐き出す山清水を飲む
みやげ
土産屋
高住神社の大天狗!?
九州自然歩道の標示板（北岳まで1.3km）
ピッピッ
ピー
屏風岩
逆鉾岩
筆端
大迫力の望雲台
シオジ林
霧が降りる中、ブナの自然林の径を登り下る
北岳
急登のあと一本杉に出る
1192m
上宮
中岳
ベンチで昼ごはん。ビールも甘酒もある売店。雨の日以外は開けるが午後3時頃で店は閉める
吉井中学一年の200人の遠足と遭遇する
階段径を下る
南岳
1199m
英彦山の最高峰
修験道の道らしくこんなクサリ場を何か所もクリアしていく。それにしてもこの望雲台がいちばん、スリリングだった!!
至野峠
鷹ノ巣山
979m
薬師峠
至山国町 大分県

大天狗

幻想的な背景に美しい鳥の声が響きわたる

英彦山の成り立ちからいえば、奉幣殿《ほうへいでん》から下宮、中宮を経て上宮の中岳へ登るのが本来なのだろうが、いつものように「どう歩けばいちばん楽か」の観点から遠足を組み立てる。登ったら必ず同じ高度差を下る登山では、急な短い坂を登ってなだらかな坂を下るのがいちばん。裏口から入って表玄関に出るような不格好なことになるとしても、豊前坊から北岳に直登して尾根道を中岳に進み、石段が続く表参道を奉幣殿に下りよう。それに山深い望雲台《ぼううんだい》あたりに朝着けば、幾種類もの鳥の鳴き声がシャワーのように降り注いでくるにちがいない。

始発の篠栗線に乗って博多駅を出発。新飯塚駅と田川後藤寺駅で列車を、彦山駅前でバスに乗り換えなければならないけれども、もっとも早くたどり着く方法なので致し方ない。豊前坊に着いたらまず、高住神社へ登る前に獅子《しし》口から流れ出す今川の源流の山清水を飲む。石の鳥居の真ん中に不思議な茅の輪、くぐると穢《けが》れを払ってくれるそうな。

早く来てもう一つ得をした。日本全国三万

JR
至彦山駅
ゴール
添田交通
バス停
「神宮下」
トイレ
土産屋が並ぶ
銅鳥居へ
表参道(はみごとな石段が続く道
下宮
休息所
奉幣殿(国宝)
おいしいご神水あり
坊や坊跡が
参道沿いに。
垣根をのぞくと
季節の草花が
また彩りを
そえる
中宮
一帯は杉が多く
千本杉と
もいう
休息所
伊勢神宮に向いた
遥拝所
関銭の跡
行者さんの
こもり堂
(ムスビ神社)
至鬼杉
下山ルート
上宮での仕事を終えて下山する
早田さんに、英彦山の森羅万象
を解説してもらった。
10数kgの軽さ
数10kgの重さ

豊前坊バス停➡80分➡北岳➡40分➡中岳/英彦山神宮上宮➡90分➡奉幣殿➡10分➡神宮下バス停=およそ4キロ

元気な吉井中学の遠足隊に追い越される

八千の天狗《てんぐ》を司る大天狗の宮の朝のお勤めに立ち合える。大太鼓を打ち鳴らしながら祝詞《のりと》を唱える勇ましい祈りに赤い天狗や緑の天狗が見え隠れ。行者のお滝場の先、九州自然歩道の案内板に望雲台〇・四キロ、北岳一・三キロ、中岳二・一キロと途中の目標が定めてある。

歩き始めてすぐ、逆鉾《さかほこ》岩や屏風《びょうぶ》岩、筆立岩など奇岩がそびえる谷筋は、巨大な樹々におおわれて音響効果が抜群。無数の小鳥とセミの一分の隙もないすばらしいハーモニーが惜し気もなく延々と続く。岩に腰掛けて森林浴しながら、しばし野生のコーラスを鑑賞する。おだやかなさえずりを聞きながらだと仕事もはかどるだろう、夜も気持ちよく眠れるだろう。この空間の豊かさが日々の生活に欲しくなる。

もし高所恐怖症でなければ、奇岩を抜けた所で左に分かれて望雲台に寄り道してみよう。小さな谷を一つ越えたら、眼前にほとんど垂直な岩山が立ちふさがる。裂け目にもぐり込み、えぐられた足場と鎖に頼って上に出る。その岩の突端に出て再び足がすくむ。一枚岩とはこのことだ。向こう側は上ってきた方よりもっと切り立っていて、高さ六〇メートルほどの絶壁、頂の幅は八〇センチあるだろうか。本を立てたような岩の上に自分がいることに気づいて、今さらながら手すりにしがみつく。立場は恐ろしいが、はるばるとした眺めは美しい。すぐ前にビュートの鷹ノ巣山、犬ヶ岳、真北下に油木ダム、香春《かわら》岳、平尾台、福智山が山並みを連ねる。一度ぐらいは登ってみてもいいかもしれない。

もとの径に戻って鳥の歌声に耳を傾けながらのんびり登っていたら、突然、夢心地を吹き飛ばされ、にぎやかに登ってきた二百人の中学生たちに次々に先を越された。彼らは北岳から南岳、鬼杉へと回るらしい。「自由気儘《きまま》なおとなの遠足」と強がってみても、あのあり余るエネルギーにはかなわない。遅れをとってはなるものかと一所懸命頑張ったつもりだが、北岳の頂上は霧が降りてシーンと静まり返っていた。北岳と中岳を結ぶ縦走路はほとんどが

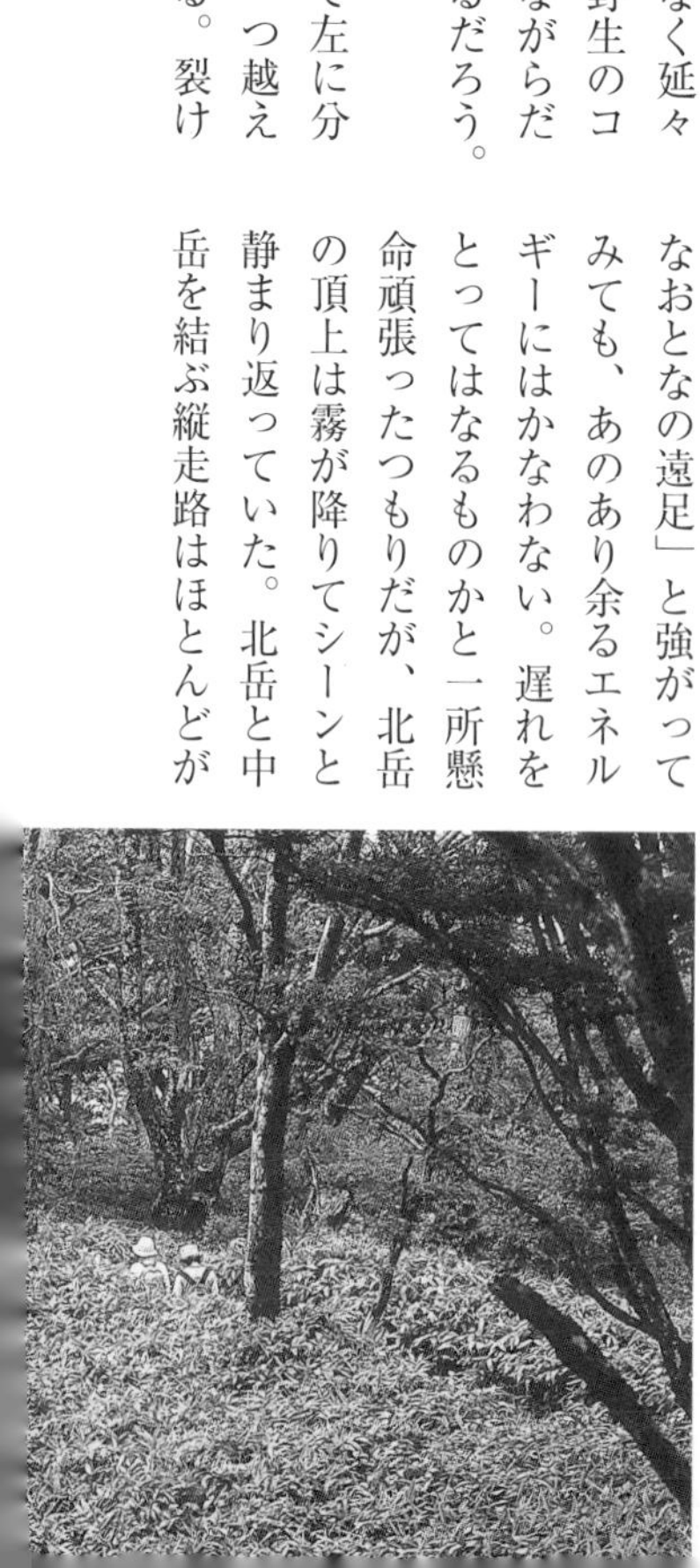
クマイザサの海を泳ぎ渡る

表参道は踏み固めた人の数だけ歩きやすい

平坦で気持ちいい。ブナ林の下が一面、白っぽい縁どりのあるクマイザサの絨緞《じゅうたん》。胸の高さぐらいある緑の海をかき分けて進む。

最後の岩場を鎖につかまって登ったら中岳の頂上、英彦山上宮の裏に出る。驚いたことに、こんな山奥に茶店があった。環境庁自然公園指導員の早田利光さんご夫婦が上宮の管理と案内を兼ねる。十一月末までは朝九時半に店を開け、午後三時に下山するとか。仕事の合間を縫って参拝者といっしょに社殿の前に腰掛け、山にこだまする鳥の声を聞きながら、愛して止まない英彦山の四季折々の魅力を語り伝える。

上宮からの下りは始めこそ勾配がきついけれども、そこは時代を経て数多くの人たちが踏み締めた表参道、一般の山径とは違ってとても歩きやすい。杉の巨木の間を縫って、自然石の緩やかな石段としっかり踏み固めた土径が下宮まで迷わず導いてくれる。

ちょうど早田さんたちが山を下る時間と重なった。渡って来る鳥の話、珍しい草木の話、西日本各地の社の話、英彦山の歴史、山に登って来る人たちの心根、尽きない話題でいつの間にか奉幣殿に着いてしまった。教えられて社殿脇でおいしい山清水をもう一度ご馳走になる。

途中で中学生に追い越されたように、エネルギーあふれる子供と体力維持に必死の成人では歩くスピードが違う。もちろん、その成人も千差万別。登山コースを紹介する本には必ずコースタイムがついている。たとえば『福岡県の山歩き』（海鳥社）では奉幣殿から上宮まで登って七十分。『九州自然歩道』（西日本新聞社）では九十分。『英彦山の山歩き』（葦書房）は「急げば一時間、遊んで二時間」の言い伝えを掲げる。『福岡・佐賀県の山歩き』（葦書房）では神社下から上宮まで九十分。そしてこの遠足では結構急いで下ったにもかかわらず九十分もかかっている。といった具合に、山道は平地と異なり、経験と体力で所要時間にかなり差が出てしまう。

17
頭ヶ島《かしらがじま》　長崎県南松浦郡上五島町－新魚目町－有川町

海沿いの天主堂を巡り透明な瀬戸で遊ぶ

九月上旬

頭ヶ島天主堂
瀬戸
至瀬戸
友住バス停
頭ヶ島バス停
頭ヶ島大橋
上五島空港
至江ノ浜
さな漁港でまず
楽しみは民家と裏露地
ウォッチング。二階が双児
張り出しになった家。

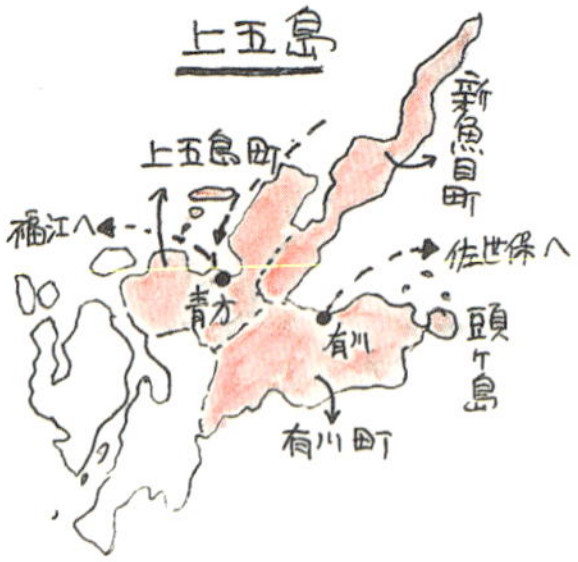

上五島
新魚目町
上五島町
福江へ
佐世保へ
青方
有川
頭ヶ島
有川町

青方港➡70分➡大曽天主堂➡5分➡大曽（➡バス青方船崎線5分➡青方乗り換え➡バス立串行き23分➡）青砂浦教会前➡30分➡青砂浦別道（➡バス青方循環13分➡）上五島高校前➡50分➡蛤（➡バス上五島空港線24分➡）頭ヶ島➡15分➡頭ヶ島天主堂➡80分➡友住（➡バス有川江の浜線22分➡）有川ターミナル＝徒歩のみおよそ12キロ

アサガオ

ロクロ島のはるか向こうに上五島が重なる

深く入り込んだ海の青も、折り重なる島影の緑も美しい上五島は、どこをどう遠足しようかと思案に暮れる。船が着く港は限られているし、一日で歩ける距離もたかが知れている。とりあえず、目標に天主堂を選んだ。なにしろ上五島には島の歴史を物語る三十ものカトリック教会が点在するのだから。

深夜に博多をフェリー太古で離れ、早朝に青方《あおかた》へ上陸。大曽《おおそ》天主堂、青砂ヶ浦天主堂、頭ヶ島天主堂とつなぐ。途中、青方湾岸を周遊し、奈摩《なま》湾を眺め、遠浅の蛤《はまぐり》浜で遊び、孕瀬《はらみせ》戸《と》とロクロ瀬戸の青さに染まる。そして有川から高速艇で夕焼けを突っ切って佐世保に戻る。徒歩とバスと船を組み合わせ、現地行動距離約四〇キロの欲ばり遠足に仕立てた。

対岸のフェリー発着所からも遠望できた大曽天主堂

広範囲に動く場合は特に、国土地理院の二万五千分の一の地形図で行程と方角をしっかり頭にたたき込んでおきたい。と同時に本数が少ない船やバスの時刻表も事前に入手したい。たとえば福岡市内なら渡辺通りにある長崎県福岡事務所を訪ねてみよう。それぞれの町の観光リーフレットや公共交通に関する情報などが手に入る。

早朝にフェリーを降りて、ふと対岸に目をやると、威風堂々の大曽天主堂が朝日に映える。はやる心を抑えて青方浦をぐるりと大回り。船だまりに集まる漁師さん、黄色い帽子の幼稚園児たち、もう青方も大曽も働いている。入江の対岸から一気に上る階段がある。大正五年（一九一六）に建てられた赤れんが造りのロマネスク様式。正面にイエスの白い像が諸手を広げて出迎える。中は天井の高いドームをパーム構造の繊細な柱が支え、まるで木陰のように人の心を和ませる。

間を結ぶバスの本数が少ないので、一カ所でぐずぐずしてはいられない。いったん青方までバスで戻って、乗客がまばらな立串行きに乗り継いだら、運転手さんが車窓を過ぎる教会のガイドをしてくれた。現在は司祭が足りず平均三つは掛け持ちだとか。「乗客と会話してはならない都会のバスの運転手とは役割が違う」とばかりに、青砂ヶ浦まで乗っている間ずっと話が弾む。

大曽天主堂より少し前、明治四十三（一九一〇）年に青砂ヶ浦天主堂は完成したとか。こちらは白い嘆きのマリアがたたずんでいる。正面に天主堂の額を高々と掲げ、入口は円柱から立ち上がった古典様式、上のバラ窓には当時は大変貴重だった色ガラスがはめ込まれている。しばらく椅子に腰掛けて島の人々の敬虔な祈りを体感する。

高台から下りる途中で、真っ青な奈摩湾の向こうに水色の冷水教会を見つけて双眼鏡をのぞいた。外海から三キロ近く入り込んだ奈摩湾、右から曽根崎や高島鼻が狭まり、矢堅崎の白い灯台が入江の口

中通島と頭ヶ島を隔てる孕瀬戸

イタリアの村の教会を想わせる頭ヶ島天主堂

を指し示す。折り返すバスにはまだ間があるので、青砂浦別道まで湾奥の一部を歩いてみよう。

似首《にくび》から丸尾を経て浦桑まで家が途切れることはない。朝出発した青方へ行くバスを上五島高校前で降りる。有川町の七目《ななめ》へ車道を歩き出すと、小さなトンネルを抜けてすぐ、おいしい五島うどんを食べさせる竹酔亭。頭ヶ島へ行くバスの時間とにらみあわせて、遠浅の蛤浜を見るか、名物のうどんを取るか悩むところだ。次の長い七目トンネルを抜けたら、蛤浜への遊歩道が左の広場の先に続いている。

青方を出て頭ヶ島にある上五島空港へ行く空港線は一日四往復。つまり都合がいいのは一本だけ、それも航空便が欠航した時は走らない。だいたい遠足は天気のいい日と決まっているので、ない時に当たることは稀だろう。とにかく、しっかり時間を覚えておいて蛤のバス停からちゃんと乗らなければ、約一〇キロの道のりはタクシーに頼るほかない。

最後に訪れる頭ヶ島天主堂は上五島の締めくくりに最もふさわしい。赤い頭ヶ島大橋を渡り、いったん高みに上ってバスを降りる。すぐ左、海にのめり込むような下り坂が天主堂まで導いてくれる。左サイドの藪が途切れた所から、眼下に木々の緑に埋もれて、まるでイタリアの片田舎にあるような石造りの教会が見えた。あくまでも青く透き通った海に向かって建つその孤高の姿は、信仰の厳しさを静かに物語るかのようだ。

大きく明るい茶色の石といい、親しみやすい曲線のドームといい、なで肩の屋根の傾斜といい、スリット状の白い窓といい、背景の稜線とのバランスといい、ここまではるばる歩いて来た甲斐があった。内部の意匠もすばらしいので、ぜひ自分の目で鑑賞してほしい。後は孕瀬戸を橋で渡って友住へ行けば、バスが有川ターミナルまで連れて行く。できれば魚屋で五島のおいしい刺身を買って、高速艇を待つ間に岸壁で食べたい。

18 ミルクロード　熊本県阿蘇郡阿蘇町

原野と放牧場をつないで高原遊歩

九月中旬

街中はまだまだ厳しい残暑。しかし、高原ではススキの穂が波のように風に揺れ、虫たちが合唱して秋の気配に満ちている。秋の先取り遠足に選んだのは阿蘇の外輪山の高みを結ぶミルクロード。別名は北外輪山大津線、または県道３３９号線ともいう。南は黄金に実る稲田の向こうに阿蘇山塊、北は見はるかす草原のうねり、歩くにつれて心もおおらかになりそうだ。

まず、ＪＲ豊肥本線を内牧駅で降りる。標高四八〇メートルの阿蘇谷から、周囲ぐるりとそそり立つ標高九五〇メートル前後の外輪山を眺め上げる。次に標高差五〇〇メートルを一気に登って高みに達し、実った稲で黄色に染まった阿蘇谷を見下ろしたい。

内牧の西小園から兜《かぶと》岩までの九州自然歩道は、なるほど自然の道だ。しっかり見極めれば道標も点在し、迷いはしないのだが、二キロほど登ったあたりは草丈が膝上まで達していた。時期によっては藪こぎ覚悟。こんな具合に、人が通らなければ、自然歩道にはすぐ草が生い茂る。毎年、秋の行楽シーズン前に刈って手入れをするら

ズズムシソウ

■右 ── 豊後街道の石畳を赤水に下りて行く二重峠
■左 ── 午王の水あたりは草の緑に染まるよう

内牧バス停➡30分➡西小園➡90分➡ミルクロード➡180分➡二重峠➡60分➡ＪＲ赤水駅＝およそ16キロ

至大観峰へ約7Km
ツリガネニンジン
(ききょう科)
小さな釣り鐘のような花もかわいい。
若芽はトトキといい、おいしいよ
小里牧場
狩尾牧場
西小園
エバラポンプの春扱から集落へ
花原川
スタート
内牧バス停
阿蘇内牧温泉
至JR内牧駅
九州自然歩道
自然歩道の案内板
下草が伸び径がわかりずらい
内牧から3.8Km
鞍岳
跡ヶ瀬牧場
ミルクロード
いくつも牧場を通り、ずっとずっとミルクロードは続く。
自販機1つないから空き缶の散乱もない！
端辺原野
的石牧場
県道339
阿蘇牧場
サイロ
電波塔
道は下りになる
干し草は遠目には茶色の牛が寝そべってるように見える
秋の虫の声を聞いて石畳の豊後街道
午王の水
坂ノ下
車帰
二重峠
至大津町
至阿蘇駅
至大分
57
ゴール
赤水駅
(豊肥本線)
至熊本駅
至立野

兜岩あたりから阿蘇谷を見晴らす

しい。運よくそれ以後に当たれば、道幅も広く歩きやすい歩道が出現しているだろう。

　たとえ草が茂っていても、距離は短いので枯れ枝で行く先をトントンたたきながら進めば、草むらに潜むヘビも逃げてくれる。もし、こんな山径を冷静に歩く自信がなければ、大観峰までバスに乗って、平らなミルクロードを七キロほど長く歩くという手もなくはない。傾斜がある自然歩道を下から三キロ登るのと、大観峰から舗装道路を歩く所要時間はだいたい同じぐらい。

　頑張って兜岩のあたりまで上ったら、下の阿蘇谷がいっそうきれいに見える。蛇行する川を境に基本軸の方向を変えながら、同じ幅の田畑が正確な碁盤の目に整備されている。所どころ虫食いになったビニールハウスの銀色以外は、見渡す限り実って頭を垂れる稲の穂の色。豊かな日本を象徴するような黄金色だ。

　自然歩道を歩くか、大観望経由にするか、どちらにしろ、遠足に出かける時は必ず地図を携帯したい。よく知っていると思っても、途中で迷ったり、地元の人にもっといい道を教えてもらったり、臨機応変に対処しなければならない問題は必ず起こる。一口に地図といっても、書店の店頭に並ぶカラー地図のほとんどは車用で、歩く人の役には立たない。

　一日で歩ける距離はせいぜい二〇キロ。その範囲が詳しく描かれた地図といえば、国土地理院が発行する二万五千分の一の地形図。一枚が横五八センチ、縦四六センチの大きさで、折って携帯するのにも便利。行程によっては一～三枚にまたがるが、一枚三〇〇円弱と値段も手頃。都心部の大型書店に置いている。行くたびに少しずつ買いそろえると、この地図の収集も楽しいものだ。白地図に少し色がついた程度なので、自分の歩いた道筋や、見つけた草花、出会った人の名前などを書き込めば、記録ノートとしても残っていく。

　ミルクロードは切り立った外輪山の南縁を西南に貫いて走る。左手に雄大な阿蘇の全容を眺め、右手は緩やかに波打つ草原がはるか彼方まで連なり、その間をうねうねと果てしなく舗装道路が続く。それも赤牛が点々と草を食む牧場や高原野菜畑は道沿いに点在するだけで、その先は広大な端辺《はたべ》原野。時々、オケラ山やツームシ山のよ

何だかユーモラスな牧草の塊

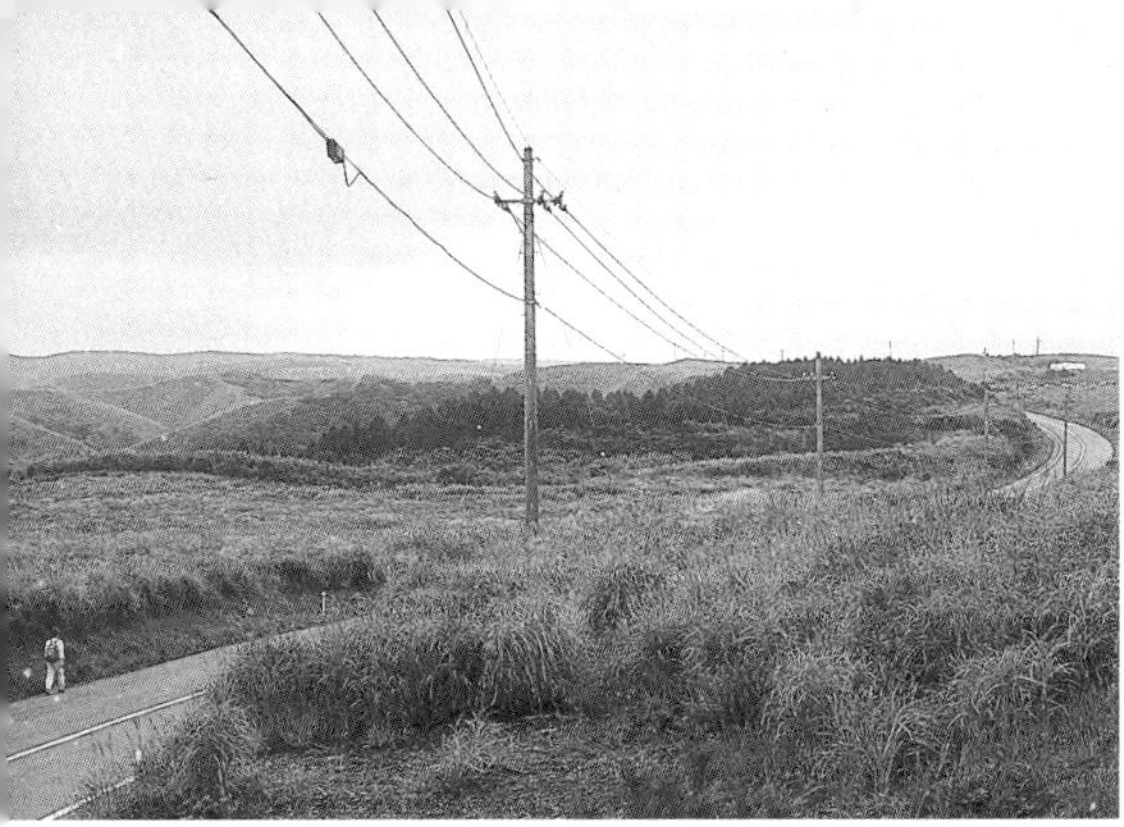

ミルクロードを延々９キロ

うな高まりがあるが、背の高い樹木も少なくて、視野はとにかく広い。高原を渡るさわやかな風が絶えず草花を揺らす。ワレモコウ、ハギ、ツリフネソウ、ゲンノショウコ、ミズヒキなどの秋の花々があちこちに群れ咲いている。視界の上半分は広い空、下半分は緑の草地、いやが上にも気分は悠々としてしまう。

時々、横をブッ飛ばして行く車やバイクさえ気にしなければ、本当に気持ちのいい道だ。走る車の数が少ないのと、信号や対向車などの障害物がないので、どの車もすさまじいスピードで行き過ぎる。平日は荷を運ぶトラックやバンだが、日祭日は逆転してドライブを楽しむ乗用車が多いとか。ただし、人影はほとんどない。歩いている人はもちろんいないが、牧場で作業している人も見かけなかった。家もないし、店も、自販機も皆無。風を受けてただひたすら黙々と歩くしかない。

電波塔を過ぎたあたりから道は少し下り始める。ヘアピンカーブをいくつか曲がると、左手に豊後街道の石畳の案内板とあずま屋。そこから車道を離れて、りっぱな石畳を参勤交代のお供になった気持ちで下る。ここからは阿蘇山が正面。八〇ページの写真を撮った時は、ちょうど雲が降りて山容を隠してしまった。晴天であれば、この真ん中に堂々の阿蘇を見ながら下ることになる。眼下には本流から千切れて独立したり輪になったりした黒川の蛇行がおもしろい。

途中、冷たい午王《ごおう》の湧水で喉を潤し、麓の坂ノ下に着く。坂の下ではなく、そのまま坂ノ下が集落名になっている。赤水温泉のそばで黒川を渡り、後は赤水駅まで一息に稼ぐ。朝、列車を降りた内牧駅から数えたら、市ノ川駅の次、つまり一日かかって二駅歩いたわけだ。電車を待って駅のホームに立つと、夕景の中に二重《ふたえ》峠からの道のりが目前に迫る。

19 葛籠《つづら》 福岡県浮羽郡浮羽町

真っ赤なヒガンバナに縁どられた里山巡り

九月中旬

「棚田の米、食べたことある? 掛け干しはなかなかうまいらしいよ」という噂を聞いた。それなら新米が出回る時期に、棚田が美しい里山を足でつなごう。出かけるのは、耳納連山の東端の山間に点在する葛籠、探野《さがしの》、鹿狩《かがり》、栗木野の里。地元では稲刈りが済んだら、毎年十月中旬に「ばさら祭」を開催する。「ばさら」とはこのあたりの言葉で「たくさん」の意味。ばさら収穫して、ばさら人に来てもらって、土産においしい新米をばさら買ってもらうという企画らしい。

JR久大本線のうきは駅で降り、両筑交通バスで約十七分、山間の三寺払《さじばらい》バス停で下車する。そのまま七、八キロ上れば前津江村との県境に至る。

バス停から約五〇メートル先で右の坂を上がると、立派な駐車場と公衆トイレ。道路は車がやっと離合できる幅しかなく、時折、葛籠川の渓流をのぞきながら、緩やかに上る。カーブを回って頭の上に現れたのは洒落た木造建築、四季の舎《もり》ながいわ。都市と農村との交流を図るグリーンツーリズムの拠点として、レストラン、特産品販売、入浴施設、農村体

ヒガンバナ

葛籠の棚田をつないだ農作業道をたどる

三寺払バス停➡50分➡葛籠➡40分➡岩屋権現➡25分➡探野➡80分➡栗木野バス停＝およそ10キロ

一番上の葛籠の集落を抜ける

験などがそろう。これからの道行きに自信があって、荷物に余裕があれば、ここで期待の新米を買う。というのも、栗木野まで地場産物を手に入れられる店は一軒もない。

木々の間に奇岩、巨岩が見え隠れ、対面の長岩城址にかけて森林浴コースが通じ、川縁にヒガンバナが咲く渓流を眺めるためのあずま屋も建つ。城跡に社があったので草むした石段を上がってみる。大岩がくり貫かれて、赤い小紋の前垂れをした石仏が行儀よく並ぶ。

緩やかに上る道路は杉山の間を通り、砂防ダムを過ぎて長岩3号橋を渡ると、唐突に葛籠の棚田が始まる。目の前の斜面全体が雛壇のように耕され、集落がその一番上に小さく固まる。ちょうど真南に下った斜面で、この時期なら一日中、太陽が当たる。きれいに整った昔ながらの石積みの棚田だけに、ヒガンバナの咲く時期に合わせて来るカメラマンも多い。それぞれがアングルを狙っているのでのんびりは歩いていられない。

幅の広い車道は棚田を迂回するが、足で移動するのに格好な小径を真ん中に見つけた。傾斜が急なので、滑らないように横に筋が入った細いセメント道。勢いよく水が流れる川縁を上流の集落まで最短距離で上る。田んぼの縁や石橋のたもとに群れる真っ赤なヒガンバナ。花の後は濃い緑の葉が土色の棚田を縁どるのだろう。

高台にあった村の集会所の前庭を拝借して弁当を開く。来訪者が増えるこの時期、接待に何かと忙しそうで、村のお母さんたちが集まって弁当づくりが進んでいた。棚田を高みから見下ろし、山村の空気を胸いっぱいに吸い込む。紅葉したカキの葉っぱ、茶色のイガイガが弾けた栗の実、実がいくつもぶら下がったキウイ畑……と目で追いながら、背後の小屋の軒をひょいと見上げると、直径三〇センチ球形の赤バチの巣を発見。飛んでいるハチも何匹か目撃して、一瞬、身が硬くなる。

まだ細いけれども真っ直ぐ伸びた杉林

真っ赤な顔で怒る岩屋権現の不動明王

すでに組まれた遠足コースを自分なりにたどるのもおもしろいが、自分の関心と体力にあったコースをつくって歩くのはもっとおもしろい。コースづくりは、まずテーマを決めることから始める。季節にあったテーマをしぼり、おおまかな地域を選ぶ。市町村が作成した観光パンフレットを手に入れてじっくり眺めて、三カ所ぐらい立ち寄る先を地図に落とし込む。その点と点の間を歩いて気持ちよさそうな道でつなげばオリジナルコースができあがる。

観光資料の入手先は各県が都心部に開設した出先事務所。たとえば福岡市内の天神地区なら、福岡県の情報はアクロス福岡二階の福岡県観光情報コーナーで入手できる。大分県は福岡天神センタービル十階、熊本県はアクロス福岡十一階、佐賀県はイムズ七階の各事務所。また時間が許せば当日、現地で観光協会か役場に立ち寄り、道路地図も含めた詳しい資料を次回のためや人に説明するために収集しておくのもいい。

峠の十字路は左が星野村、右は尾谷集落へと分かれ、進む道が下りに変わる。一キロ行かない所で岩屋林道記念碑が立つ三差路。そばのおいしい石清水をコップで受けて、からからに乾いた喉を潤す。三〇〇メートルほど寄り道して、雨ごいの岩屋権現に立ち寄ろうか。超巨大な岩がボコンとそびえ立ち、根元には見事に赤いお不動さん。後ろに回ると岩によじ登る足場、何だか滑りそうなので途中で引き返す。

渓流の音を聞きながら、楽々と道を下り、谷間にひっそりとたたずむ探野、そして鹿狩を過ぎる。ずっと鹿狩川を下るのだけれども、探野渓谷には滝下に大きな淵、鹿狩の集落より少し下った右手には中払の滝、栗木野には川の真ん中に流れを遮る巨石、岩屋堂橋のたもとには岩をくり貫いた中に十数体の石仏が並ぶ。鹿狩あたりは岩の谷と呼ばれるほどで家々の石垣が見事、また地元の茶葉を売る露店が出ていたりもする。急に視界が明るくなったと思ったら、栗木野へたどり着いた。

20

豊浦　山口県豊浦郡豊浦町

風に揺れるコスモスと青嵐のクスの森

九月下旬

コウホネ

ＪＲ小倉駅から山陰本線を走る特急に乗り換えて下関の次、約四十分で川棚温泉駅へ着く。そんなに大きな町ではないが、八百年の歴史を誇る川棚温泉が観光客を引っぱって一日一往復の特急を止めている。すっかり山陰の景色だけれども時間的には意外に近い。駅前からバスに乗って再び川棚温泉というバス停で下車、昔ながらの湯町から歩き始めよう。

何軒も旅館が並ぶ温泉街をどん詰まりまで行くと妙青禅寺。まずは境内まで上って、種田山頭火の「涌いてあふれる中にねている」の句碑を読み、本堂の裏に回って雪舟の築いた庭を拝観したい。心字池の片隅に珍しいコウホネの花を見つけた。首を高くもたげ、小さいけれども鮮やかな黄色の花びら、丸い葉も水面にかわいく浮かぶ。河骨と書いてスイレンの仲間、見たことはないが根が白骨に似ているらしい。石段を下りながら振り返ると、山門もなかなか風格がある。

寺の左裏の池を回り、坂を石仏さんに見守られながら上って行くと国清山の展望台。ここからは響灘まで眺望

■右 ── 響灘まで見晴らせる舟郡ダム堤を行く
■左 ── たった１本でクスの森，いかに大きいか想像がつこうというもの

川棚温泉バス停➡10分➡妙青寺➡10分➡国清山展望台➡20分➡舟郡ダム➡30分➡三恵寺➡60分➡上畔➡60分➡クスの森➡10分➡浜井場バス停＝およそ８キロ

海に開けた川棚の町

がきく。少し戻って分かれ道を右にとる。空き地に出たら道がどっちに続いているのかわかりにくい場所もあるけれど、どうにか探し出して、できたばかりの切り通しの土径をすり抜けると、広場の先に舟郡《ふなごおり》ダムが姿を現す。まだ造られたばかりで、少し古い地図には影も形もないので、くれぐれも勘違いしないように。

明るい色の自然石を緩やかな傾斜に積みあげて水を堰き止めたダムの上からの眺めは、国清山よりも視界が広い分もっといい。あくまでも平らな平野の向こうに真っ青な日本海、手前の円錐形の男島と後ろに小さく控える女島が重なって見える。はっきり区別はつかないが、そのまた後ろに竜宮島があるはずだ。水平線近くに小さな雲が帯になり、その上は果てしなく青い空が天球を占める。遠望が途切れる頃、管理棟と道を隔てて反対の右手に作業道のような土径がある。途中、背の高いハギの群れがしなだれかかったりして、咲けば見事だろう。

突っ切って県道261号線に出たら、池の左側の縁を回り込んで三恵寺《さんねじ》につなぐ。ここの怡雲《いうん》和尚が川棚温泉の開基でもある。境内に着くまでかなりの道のり、入り口で不思議な石仏さんたちが出迎えてくれた。正体がつかめずにじっと見ていたら、掃除をしていた寺の人が、「これは兄弟なそうな。これは話を聞けばとても不幸な母娘さん。みなさんここに集まって来て、何日もかけていろんな思いをこめてコツコツ彫っておられました」と、寺の暮らしをいろいろ説明してくれた。

寺を含めた一帯は国見台森林公園で、ぼけ封じ観音さんの横の階段を上がると遊歩道に入る。両脇にはうっそうと木々が茂り、チラチラと木漏れ陽が降り注いで、森林浴にはうってつけ。蟹ヶ池の縁を離れて金胎山城跡へ、崩れかかった弥生式住居を左下に見て、右へ曲がり込む。上ったり下ったり、左へ曲がったり、切り立つような丸太の段坂には要注意。虫が多いのか、通る人が少ないのか、クモの巣がやたらかかってる。展望広場を抜けると、

木漏れ陽が心地いい三恵寺での森林浴

様々な人がいろんな思いを込めて彫ったという石仏

高圧電線の鉄塔の足元を通って、やがてキャンプ場に通じた簡易舗装の道に行き当たる。

疲れないように長時間歩くコツは、マイペースの保持。体力や年齢で速度に差があって当然。集団時は特にそうだが、周囲のスピードに合わせていると気持ちにゆとりがなくなり、必要以上に疲れてしまう。一日中歩くのだから競わなくても運動量は十分。草花に立ち止まったり、虫の声を聞いたり、写真を撮ったり、スケッチしたり、道草しながら思わず知らずたどり着くのが理想だ。

左に進めば中国自然歩道の県道２６２号線にたどり着く。その大きな車道を右に折れて上畔《かみぐろ》で川棚川に行き合う。この先、上流はほとんど川岸の土手径、一部だけ県道を利用しなければならない区間には車道の横に歩道。ここはコスモス街道とも呼ばれ、時期がくればかわいい花が秋風に揺れる。途中の山下には田んぼ一枚全部にコスモスが咲き乱れて遠来の客を楽しませてくれる。

次の集落、台にお目当てのクスの森はある。たった一本で森という名を戴いているのだから、とにかくすごい。幹の周囲一一メートル、樹高二四メートル、枝の最長が南北に四九メートル、樹齢はおよそ千年といわれ、日本三大樟樹の一本だそうだ。背丈の倍ほどの所で四方八方に枝分れしていて、その巨大で均整のとれた美しい姿に圧倒される。枝の下の広い空間がすべて影の中。山陰の澄んだ青空の下を歩いてきた後だけに、一層黒々感じられた。ここでも山頭火は「大楠の枝から枝へ青あらし」の句を残す。

台の変則十字路まで戻って、浜井場のバス停から２６２号線を通って駅経由で川棚温泉へ。昼以降は二本しかないローカル路線なので、しっかりバスの時刻を確かめて遅れないように時間を調整する。

せっかく川棚に来たのだから温泉に入らないでは帰れない。だいたいどこも入浴のみの利用も受け入れ、青竜泉がいわゆる銭湯並みでいちばん安い。ついでに、小ぶりで白あんの川棚温泉饅頭と瓦そばも食べてみたい。豊浦の特産品を即売する、とんがりぼうし豊浦や、民具や民芸品を集めた烏山民俗資料館にも寄り道したいが、いずれも五時までで閉館する。

21 竹 福岡県朝倉郡宝珠山村―田川郡添田町

秋深まって棚田の掛け干し

十月上旬

これから遠足がいちばん気持ちいい季節。歩いても汗をかかないし、空気はさわやか、日足が長くなって木陰も十分。その上、冬を目前に花を咲かせた草が増え、木の実もちらほら、山の上から落葉樹が段々に錦に染まって、変化に富んだ風景が楽しめる。農繁期で田畑に人が出ているので、里山の話が聞ける機会も多い。日本の棚田百選に数えられて美田の誉れも高い宝珠山村の竹地区に出かけてみよう。

行きの列車が筑後平野に入ったら、稲刈りの進み具合に注目したい。平地と山間ではずれがあり、その移り変わりもおもしろい。日田彦山線に乗り換えて、いよいよ里山風景。山が迫って背の高い眼鏡橋を渡り、無人の筑前岩屋駅に着く。駅の先に約四・四キロの

ムラサキシキブの実

■右 —— 岩屋神社から下りて来た坂の途中から竹の棚田が美しい
■左 —— 大日ヶ岳から釈迦ヶ岳への稜線

ゴール
彦山駅
交番
日田彦山線
深倉川
500
長谷
至小石原
深倉
至深倉峡
水
だれでも飲めるようコップが用意してある
県道八女香春線
吉木川
釈迦ヶ岳トンネルは全長4,379mも!!
添田町
英彦山
宝珠山村
竹也区の棚田は百選になってから、多くのカメラマンが訪れるとか。
JR筑前岩屋駅➡20分➡岩屋神社➡20分➡竹➡50分➡斫石峠➡80分➡深倉➡70分➡JR彦山駅＝およそ14キロ
814.2m
釈迦ヶ岳
829.8m
大日ヶ岳
きりとおし
斫石トンネル
斫石峠
小石原村
至黒谷
杉・ヒノキの木立
浄水場
竹
棚田百選にえらばれた棚田
赤い橋
岩屋公園
釈迦ヶ岳からの湧き水が汲める
スタート
筑前岩屋駅
杉木立の参道に心が安まる
至大行司駅 日田方面
無人の岩屋駅は山間の駅らしいログ風の駅舎だ。大きな鯉が泳いでいる。トイレも広々して快適!!
食べられる秋の木の実を拾って歩いた
ミツバアケビ
クリ
カヤ
岩屋公園の拡大
熊野神社
岩屋神社
断崖なので足がふるえる
鎖で下りる
馬首根岩に立つ
大イチョウ
休憩所
石段
琴平宮
ひょうたん池
大椿
竹へ
ロッジが点在している
きれいなトイレと駐車場
岩屋駅
トンネル

「冷たい！」岩屋駅舎の横に釈迦ヶ岳の湧水を引く

釈迦ヶ岳トンネルの口がポッカリ。帰りは隣の彦山駅から列車でトンネルをくぐるわけだ。

歩き始めるとすぐ岩屋神社の入口、草の茂った参道の石段の方を登る。土が掘り返された跡や、生栗をかじった殻が散乱し、どうもイノシシが出没するらしい。天然記念物の大ツバキや大イチョウを見上げ、巨岩を彫った急勾配の石段を上って本殿まで。勇気があれば馬首根岩の突端に立つと、竹の棚田が眼下に見下ろせる。大イチョウはもちろん、今から全山がじわじわと色めき立って紅葉はすばらしい。

遠足で道に迷わないためには、自分の進んでいる方向を要所要所で確認しておきたい。たとえば今回のように峠を越える場合、北側に屏風のように立ちはだかる釈迦ヶ岳と大日ヶ岳の山並みが目安になる。どこからでも見えるような目標物を設定して、目指す方向を確かめることも必要。砎石《きりいし》峠を越えてからは、やがて出合う吉木川、名を変えて深倉川から離れなければ彦山駅まで迷うことはない。岩屋神社周辺以外はほとんど主要道路なので、分かれ道では舗装の仕様や古さが今までたどって来た道と同じ方を選べばまちがいない。

石段下の車道を北にとり、坂の途中で突然、竹の棚田が眼前に広がる。赤い橋の手前でふと斜面を見上げると、おじさんが巨大なヤマザクラの下草を刈っている。

「これはヤマザクラだけれども葉より花が先に咲く。それは見事。今度は桜の時期においで」と自慢げだ。

天気次第で黄金色の稲を刈り、五日から七日の天日干し、農家は毎日毎日が大忙し。それでも仕事の手を止めて、「どこまで歩きなさる。峠越え。そりゃ、大変」と励ましなのか、呆れたのか、何人からも声がかかった。ついでにこんな話もしてくれた。

「今からあんたたちが行く山に、昔、山伏が分け入って飢えて死んだそうな。峠あたりで『飯くれ、飯く

刈った稲は昔ながらの掛け干し

斫石トンネルを抜けたら長い長い道のりを彦山駅へ下る

れ』ときっと出てくるから、峠を越すまではおにぎりを残しておかないかん。昼弁当も全部は食べてしまわずに一口分ぐらい峠のそばに供えるといい」

そういわれれば、見上げる山の深さは尋常じゃない。集落を離れてまずヒノキ、それから杉、もっと上の雑木林の下道は、適当に木漏れ陽が差し込んでいい気持ち。まれにアケビやムカゴも期待できる。とにかく、左に八三〇メートルの大日ヶ岳、右に八四四メートルの釈迦ヶ岳を結んだ山脈を越えるのだ。斫石峠だけがほんの少しくぼむ。勾配を嫌う車の道を歩くので、右に左に大回りに曲がる。直登する山道もあるらしいが、ここはゆっくり森林浴を楽しもう。

実をいうと、現在、本屋さんで手に入る昭和末に発行された国土地理院の二万五千分の一の地図には峠付近に車道はない。従ってもちろんトンネルもない。峠を挟んで一キロぐらいは点線の山径。ところが現実は新しい分、道幅も広く、道路標識も立派。この存在を知ったのは、宝珠山村から送ってもらった管内地図に載っていたからだ。道は生き物だからどんどん変わる。

トンネル手前には弁当が開けるぐらいの草原があった。山伏に食べ物を供えなければならないことをすっかり忘れて全部平らげてしまっていた。

峠手前も越えてからも山また山の景色。山深いだけに植物の種類が豊富、ポケット図鑑片手に歩けばもっとおもしろそうだ。下りは山径を下りようかとも思っていたが、入り口が見つからなくて二倍ほど距離が延びる車道を歩く。やがて吉木川にぶつかって、深倉の里に入る少し手前で湧水を飲む。ここから先は深倉川、右手の山に筑前岩屋駅で地中にもぐった列車が顔を出すトンネルの口。やはり北側は季節が一足早いのだろう、添田側の棚田はもうすっかり片づけられていた。

彦山駅から列車に乗って約五キロ、釈迦ヶ岳トンネルを抜けると、あっという間に岩屋駅だ。

秋深まって棚田の掛け干し

22 西千里と北千里　大分県玖珠郡九重町－直入郡久住町

西と北で二千里歩いて草紅葉を楽しむ

十月中旬

下界の紅葉はまだだけど、天上界はもうすっかり色づいている。場所は九州の高み、九重山。イタドリの黄色、ススキの尾花、あちこちに顔をのぞかせる紫のリンドウ、皆が精いっぱいに背伸びして短くなっていく秋の陽を惜しむ。上半球は抜けるような青空、下半分がおおらかな山並みとやさしい草紅葉《くさもみじ》。はるかに続く土径を悠々と歩けば心まで伸びやかになる。

本当は山で過ごす時間がもっと欲しいところだが、福岡から出発すればどう算段しても特急の本数、バスの最終の制限で、九重山中の滞在が五時間になってしまう。

リンドウ

普通に歩いて四時間強のコースだから、三十分の弁当タイム＋道草二十分として、ちょうどの行程。自信がなければ、タクシーを予約しておいて長者原から豊後中村に下り、もう一本遅い特急に乗るという手もある。そうすれば、さらに二時間たっぷりゆとりができる。

あまり山歩きをしたことがない人に、このコースでちょっとハードと思われる

■右 —— 沓掛山からの尾根径は右も左も見晴らしがいい
■左 —— 硫黄山への作業道

牧ノ戸峠バス停➡30分➡沓掛山➡西千里90分➡久住分れ➡北千里30分➡諏峨守小屋➡100分➡くじゅう登山口バス停＝およそ9キロ

ススキがきれいな牧ノ戸峠の登り口

場所は三回だけ。その一つ目がバスを降りて牧ノ戸峠を出発してすぐから始まる。しかし、きついといっても勾配が少し急なだけで、セメント舗装の路だから難なくクリア。一気に沓掛《くつかけ》山の頂上へたどり着く。

ここではしごを頼りに大岩をほんの少し下りる。そこから先は西千里を過ぎて久住山を目前にするまで、平らな尾根筋が延々と続く一本径。九重がいいのはこの醍醐味だ。見晴らしのいい尾根径の草原、車もいなければ、街の騒音もない。雑音が聞こえないというのがこんなに心地いいことなのか、空気がおいしいとはこんなことなのかと、行くたびにいつも感動してしまう。

下界のススキは人の背丈ほどあって、次第に薄茶色に枯れていく。ところが、高山のススキは高く登るほど背が短くなり、西千里ぐらいの所では膝下のかわいさ。それも急に冷え込んだりして寒が締まると、全草がえび茶色に紅葉する。初めて赤く染まったススキを見た時には違う種類の草かと勘違いしたほどだ。山を渡る風になびく赤いススキ、もっと寒くなって雪や霧氷を冠した姿はさらに美しい。

山でテントを張ったり食事を作ったりするのなら、荷物が重くなるので、しっかり体を支えるために登山靴がいる。しかし、天気のいい日を選んで日帰りで九重のメーンコースを歩くぐらいなら、時々、石の多い斜面はあるものの半分以上が平坦な土径なので、底が厚めのウォーキングシューズで十分。とにかく新しい環境を歩くのだから、ふだん履き慣れた運動用の靴がいちばん。

もちろん、濃霧に阻まれて方向を見失い亡くなった方もいる山なので、侮ることはできないが、晴天で特に土日祭日なら人も多く、道標もわかりやすいので、径に迷う心配はない。経験からいえばこのコースは、重心は低いけれど四歳の男の子がちゃんと自分の足で歩けた程度。山登りだからと尻込みしていては九州屈指の美しい風景を見逃してしまう。

久住分れの手前のくぼ地に避難小屋がポツンと立っていて、裏がトイレ。しかし、数が増えたハイカーの糞害が問題になっ

荒涼とした風景が魅力の北千里

三俣山の西すその笹の径

ているので、できるだけ登山前にドライブインで済ませておきたい。天候が暗転して霧が出たり、極寒の雪の時期はこの小屋はありがたい。とにかく、冬はリュックの中のトマトが凍る寒さになる。

　久住山の頂上とはかなり離れているのに、大気が澄んでいるので、頂を征服したパーティの歓声が会話の内容まで風に乗って聞こえる。久住山とは反対の北に、くじゅう連山で最高峰の中岳がそびえているはずだけれども、ここからは見えない。その前のくぼ地には空から降ったままの雨水をたたえた御池。汚れを知らない天上界の水の透明度はやはり凄い。それに稲星山あたりにはどうもキツネが棲んでいるらしい。ケーン、ケーンという鳴き声も聞いたし、そばの藪から手が届かない所まで逃げてこちらを振り返る姿も見た。体力に余裕があれば、そのあたりも周遊したいものだ。

　久住分れあたりがおよそ半分、阿蘇を遠望しながら弁当を広げるのにちょうどいい。五岳が連なる姿は寝観音と呼ばれるほど穏やか。久住山に背を向けて北千里へ、急ながれ場の岩や小石を踏み締めながら一歩一歩下りる。ここが二つ目の難所。土がザラザラと滑るので、軍手をはめて手をつきながら慎重に進む。

　左手に噴煙を上げる硫黄山がそびえ、風向きでは硫黄の臭いが漂ってくる。だだっ広い北千里は岩と砂の荒涼とした趣。石を積み上げたケルンと岩に丸く描いた黄色いペンキを道標に真北に進む。

　三つ目の悪い足場は諏峨守越《すがもりごえ》の斜面、それでも上りなので先ほどのようには怖くない。道なりに東の谷を下れば山中の法華院温泉、広い盆地になった坊ガツルへ通じている。

　諏峨守峠で新しくなった小屋の横に出て、またすぐ下る。下でいったん硫黄山道路を歩くが、そのまま作業道を行くと遠回りなので、少し先の道標から山径へ。長者原のくじゅう登山口まで、まずは草原、次に雑木林の中をのんきな径が続いている。

23 八丁越　福岡県甘木市ー嘉穂郡嘉穂町ー筑穂町　十月中旬

峠を越えて集落を巡る山坂達者

筑後から北九州へ抜けようとすると、東の端は英彦山塊から、古処山塊、南北に三郡山塊、北の西山塊と、玄界灘のそばまで山脈がL字形に行く手を阻む。たとえば犬鳴峠や冷水峠のように、どうしても山並みが低くなった所で峠を越さなければならない。秋月街道の八丁越もその一つ。天正十五（一五八七）年、天下統一に着手した豊臣秀吉が、島津を討つべく八丁峠を越えて秋月に進攻したと歴史の表舞台に登場するから、道が通じたのはもっと古いらしい。

つまり、長崎街道として整えられた冷水峠より、ずっと以前から立派な峠越えだった。江戸時代にまとめられた『筑前国続風土記』に、「山路のけわしき所を八丁（約八〇〇メートル）通る故八丁越という。……近国の大名も江戸往来にこの道を通る人多し」とある。

バスを終点で降りて野鳥《のとり》川をさかのぼり、潭空庵《だんごあん》から渓流沿いに入る。石畳を掃き清めていた松木快喜《かいき》さんから、「どこに行くんで

秀吉が越えて以来の八丁越

アザミ

野鳥バス停➡90分➡八丁峠➡30分➡岩骨➡70分➡古屋敷➡80分➡大石➡40分➡ＪＲ筑前内野駅＝およそ13キロ

秋月街道の案内板

すか」と呼び止められた。「旧八丁を上って３２２号線を岩骨へ下ります」と応えると、「石畳の道は岩骨まで真っ直ぐ下っているから、歩くのならそっちの方が近いよ」と教えてくれた。国土地理院の地図上には道がないのに、石畳だからしっかり残っているのだ。峠から横に走る林道のことや、少し西に通っているはずの新八丁越についても地図を描いて説明してくれた。話が弾んで、昔は八丁峠を日に五、六百人が行き来し、間には潭空庵のような茶店が十五軒もあったとおもしろい話。おかげで街道の道行きが貫徹できた。

　道は生き物だ。いちばん信頼できる国土地理院の最新の地図に載っていない巨大な車道が思わぬ所に出現したり、実線でちゃんと道路の印が入っているのにその道が見つからなかったり。つまり地図は絶対ではないことを肝に銘じておかなければ、予定が狂った時に慌ててしまう。たとえば八丁越、峠からの下り径は地図になかった。教えてもらったので、上りも下りも街道を通ることができた。といった具合に、地元の人に道を尋ねて、遠足の行程を修正するゆとりを持ちたい。

　石畳が野鳥川に沿う間、勢いのいい水音に追いかけられる。初めは陽の差し込まない渓流沿いを少し寒く感じるが、そのうち坂を上る運動量で体が温まる。何回か一般車道や作業道を横切りながら、秋月街道は最短距離で峠に向かう。途中、平らな場所は石がなくなって草径に変わり、歩く人が少ないからかフユイチゴが茂る。ちょうど峠で作業道と交差して、それから先の下りは背の高い杉林の中。木漏れ陽が筋になって、下草のシャガにスポットライトを当てていた。

　石畳が続く所は道筋がわかりやすいけれども、土径はまわりに同化して見分けにくい。とにかく下へと谷筋を下って行く。岩骨でいったん国道３２２号線に出て、少し先で左上に離れて高畑に向かう。横径の小さな橋の上で弁当を広げていたら、おばあさんが「どこから来た」

ほとんど車の通らない古屋敷からの下り道

博物館でしか見たことがなかった選籾機が大石では現役

と聞く。「八丁越で秋月から」と返したら、「私は秋月から嫁に来たが、つい三十年前まで里帰りに二、三時間かけて峠を越えとった。乗り物だったら飯塚回りで夕方にしか着かん」と懐かしそうに思い出話。松木さんが話していた往来の多かった頃とは、ほんの三、四十年前までのことなのだと了解する。

高底《こうぞこ》では、「今度来る時は電話かけておいで。ここのおいしい米を炊いとってやる」と人の良さそうなおばあさんの申し出。ちゃんと電話番号も交換する。そういえば、嘉穂、筑穂と地名からして黄金色の稲穂が頭を垂れるイメージ。地名を定めた昔からおいしい米が獲れる土地柄だったのだろう。

延々と歩いて古屋敷を抜け、大きなカーブを回って、遠くに東畑の家並みが見えたら、少し細い左手の道をわずかに上る。やっとたどり着いた大石、斎田《さいでん》碑のあるお宅で種籾《たねもみ》の選別をしている。声をかけたら、

「水がおいしいけん、ここの米はおいしか。それで選ばれたと。昭和六十三年やった。献上米は息のかからんごとマスクをつけてピンセットで一粒一粒選《え》ったよ。大変やった。そりゃそうと、せっかく立ち寄ってくれたっちゃけん、茶でもどうぞ」

と藤井憲子さん。手づくりのニガウリと甘夏の砂糖漬けを茶請けに接待を受ける。ついでに、家の少し手前の川縁にあった不思議な棚の正体を尋ねる。しめ縄を回した四本の柱の上方に割竹で編んだ棚がしつらえてあって、ナスやピーマン、サトイモなどの黒くなった形骸が残る。正面二方にはかわいい編み篭もぶら下がっている。

「あれは年に一度の川祭のお供え。昔は何の楽しみもなかったから、祭は農家にとって唯一の息抜きやった。それでもその頃は米づくりだけで子供たちを学校へ行かせられた。今は専業ではとても大学へは行かせきらん」

話し込んでいるうちに影が長くなって陽が傾いた。早く内野に下らなければ、夕方の下り列車が行き過ぎる。

彦山の高みからこれから向かう芥屋方向を望む

24 糸島北岸　福岡県福岡市西区－糸島郡志摩町

誰もいない海の気持ちよさを独り占め

十月下旬

ノコンギク

秋風が吹くと海岸は様変わりして別世界になる。車が渋滞し、イモの子を洗うように人があふれていた海水浴場が消え去り、人っ子一人いない洋々とした海本来の美しさを取り戻す。暖かい糸島の北の海岸線を端から端までたっぷり歩いて、「誰もいない海」の気持ちよさを独り占めしよう。

糸島半島の北東の端の西浦でバスを降り、広い車道を左手に進む。松原を過ぎて岬を抜けると、白い鳥居の先に二見ヶ浦の夫婦岩が見える。荒々しい伊勢の二見ヶ浦とは異なった趣。誰が名づけたのか、ここから先は福岡市のウエストコーストと呼ばれる景勝地なので、海岸線に沿った車道の海側に幅の広い歩道が整備されている。車道との間に植え込みがあるし、海側は切り落としで障害物がないのでなかなか快適。ただせっかくれんがを敷いて整えたのに、歩く人が少ないからか、つる性の草がはびこっている場所もあった。

二キロ歩いて海岸線から内陸に入り込むと四つ辻。志摩シーサイドゴルフの道案内に従って右に曲がる。すぐ

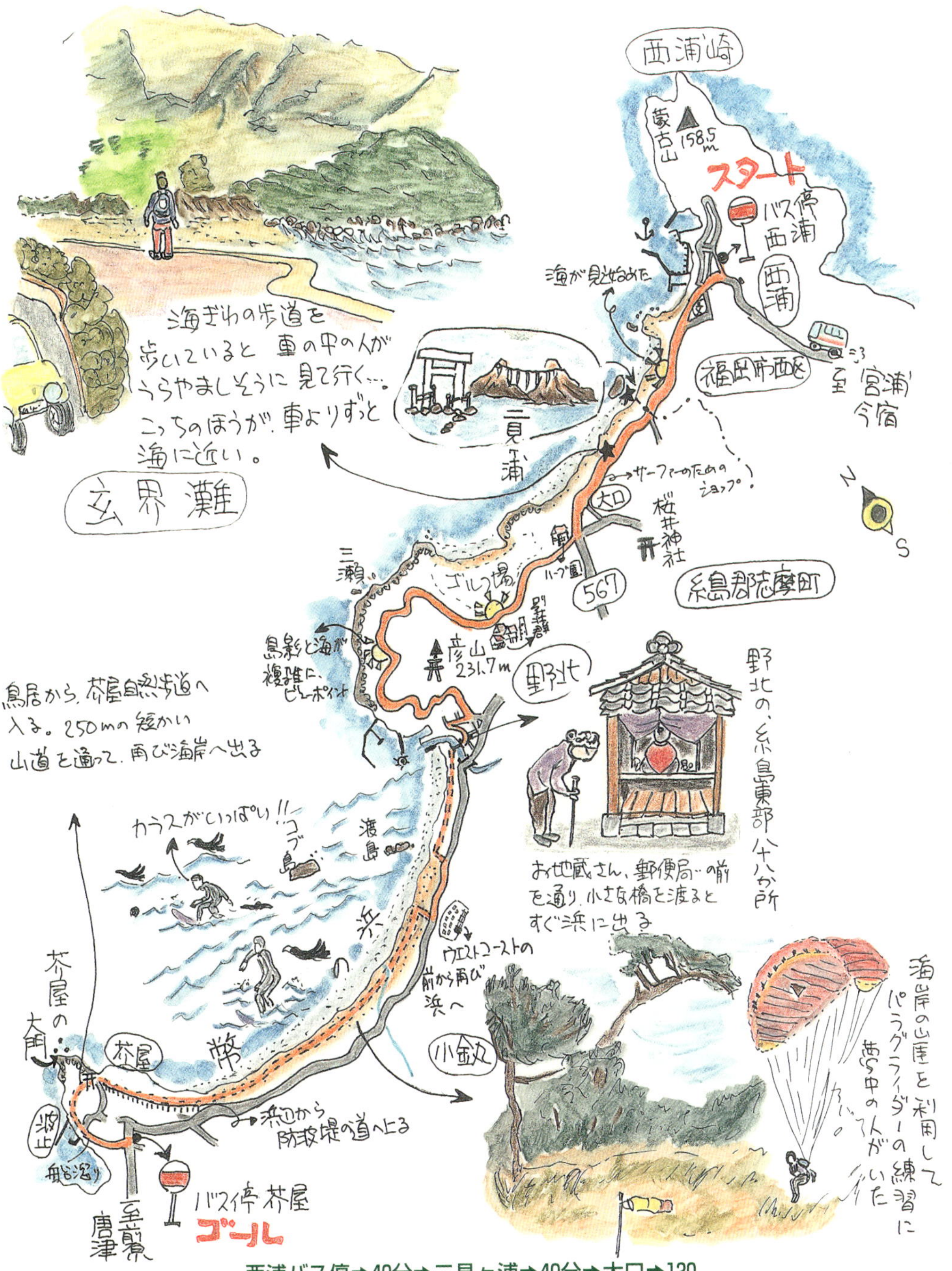

西浦崎
蒙古山
158.5m
スタート
バス停 西浦
西浦
海が見え始めた
福岡市西区
至 宮浦 今宿
二見ヶ浦
サーファーのためのショップ
大口
桜井神社
N
S
ハーブ園
567
糸島郡志摩町
ゴルフ場
三瀬
彦山 231.7m
島影と海が複雑に、ビューポイント
野北
野北の、糸島東部八十八か所
お地蔵さん、郵便局の前を通り、小さな橋を渡るとすぐ浜に出る
海ぎわの歩道を歩いていると 車の中の人がうらやましそうに 見て行く…。
こっちのほうが、車よりずっと海に近い。
玄界灘
鳥居から、芥屋自然歩道へ入る。250mの短かい山道を通って、再び海岸へ出る
カラスがいっぱい!!
コブ島
渡島
幣の浜
ウエストコーストの前から再び浜へ
芥屋の大門
芥屋
波止
船溜り
浜辺から防波堤の道へ上る
バス停 芥屋
ゴール
至 前原 唐津
海岸の山焼を利用してパラグライダーの練習に夢中の人がいた

西浦バス停➡40分➡二見ヶ浦➡40分➡大口➡120分➡野北➡140分➡芥屋バス停＝およそ16キロ

二見ヶ浦の夫婦岩

「香りの野菜」と看板を掲げた久保田農園、頼むと三十数種ほどの生のハーブをその場で摘んで分けてくれる。その先はどこまでも続くゴルフコースの縁をゆっくり上る。小さな彦山の麓に突き当たって、中腹を三分の一周して野北の集落に下る。きれいに舗装された道路なのに、五キロ歩いて車は五台しかすれ違わなかった。

　昔、野北牧場があった彦山だけど、今は所どころが別荘地として開発されている。少し入り込めば、毛織物の「遊牧民」や彫金とステンドグラスの「アトリエ・エトルリア」など、手工芸作家の工房もあるらしい。高みになった道路から見晴らす西浦崎までと、芥屋《けや》の大門《おおと》までの弓なりの海岸線は捨て難い。ただっ広い玄界灘の向こうに、あくまでも平らな壱岐の島が横たわっているのを見つけた時も感動した。

　凸凹した岬の地形に沿っているので、谷の向こう側の曲がりくねった車道が縁どりテープのようにおもしろい形。後ろの入江の広がり越しに、次の岬になる芥屋の大門がとがっている。ここまででちょうど半分。今日はあの突端まで歩こうというのだ。目にはかすんで見えるのだけれど、かなり遠くて歩き切れるのだろうかと微かな不安。目を信じるか、足を信じるか、人の体は意外にタフなもの。あっちを眺め、こっちを振り返り、大手を振って高みからの海の眺めを楽しむ。

　下る途中から見えた、少し傾いた陽が黒い瓦を銀色に輝かす野北の家並みも美しかった。漁師町を抜けて郵便局の前に地蔵堂、休憩していたおばあさんに話しかける。

「西浦から歩いてござさった。そりゃ、大変やったろう。山の途中のゴルフ場や別荘地は以前は牧場やったとこ。今日の海はなぎやが、多い日はサーファーがカラスのごと群れとる。芥屋まではまだ遠い。ほな、行ってござっせ」とやさしい口調が返ってきた。

　砂防林を抜けて砂浜に出る。野北から芥屋の間には弓なりに四キロ近く続く幣《にぎ》の浜。時々現れる岩場だけは車道に戻

陽に映える野北の黒い瓦屋根

◀弓なりの幣の浜の白砂を踏みしめる
▼磯でついばむ海鳥の影

るとしても歩ける所はできるだけ砂浜を突き抜けた方が気持ちいい。

海岸を歩く楽しみの一つは、波打ち際に打ち上げられた漂着物の観察と収集。特に今からの季節、十一月から三月までは北風が強く、海が荒れるので、海底に眠る難破船からこぼれた陶磁器片や口紅を溶いた紅皿、海の生物の大型の骨などが砂浜に打ち上げられていることもある。放射状の模様が美しいカイダコの貝殻が見つかるのもこの時期。十月はまだ海水が暖かいので、思い切って素足になり、波と戯れながらザクッザクッときめの細かい濡れた砂を踏みしめて闊歩したい。

やはりおばあさんが言った通り、真っ黒いゴムのウェットスーツで身を固めた何人かのサーファーと、こっちはいやにカラフルなパラグライダーを操る若者に出会う。ちょうど引き潮だったので、海の中に現れた洲で海鳥が餌をついばんでいる様子。砂地には色鮮やかな貝や海草が打ち上げられている。

芥屋に近づくと一帯の海岸は、かなり大きな角のない黒い石で埋め尽くされる。全部が同じ色、だいたい同じぐらいの大きさなので、この黒磯はなかなか圧巻。石の上はとても歩けないから、防波堤を兼ねた黒磯自然歩道を歩いて見下ろす。最先端まで行くと、大門の玄武岩の柱状節理が眼前に大迫力だ。

左に入った鳥居の先から芥屋自然歩道が始まる。大門の上を幾筋かに分かれて回遊する山径。ずんずん上っていたら、すぐ突き抜けて大門の西に出た。ここから先の海岸線をぐるりと巡る部分は大門自然歩道というらしい。長い距離を歩く観光客が少ないからなのか、自然歩道の呼び名が細かく分かれていた。黄色い花をいっぱいにつけたハマニガナやピンクのダルマギク、まだ残り花を咲かせたハマユウなど、豊かな海洋植物の間の細いセメント道で波止場につないで、旅館街を抜けて芥屋バス停に着く。

25 小値賀《おぢか》島　長崎県北松浦郡小値賀町

冬なお緑のクロマツの下を歩く

十一月上旬

真夜中に博多を出るフェリーに乗って小値賀島に五時前に着く。日の出まで一時間ほどあるから、朝日の背景にちょうどいい海岸まで暗いうちにたどり着く。空を染めて昇る太陽を見たいから、天気予報は快晴でなければならない。しかも初冬の遠足なので風が吹かないおだやかな日を選びたい。五島のまわりは暖流が取り巻いているのだから九州本土より暖かいに決まっているが、北風

ハマギク

■右 ── 斑郷へ出入りする人を見分する古い樹
■左 ── 玉石が納まったポットホールまで導く玄武岩の径

笛吹➡60分➡柳➡20分➡柿の浜➡20分➡大長崎➡40分➡浜津➡70分➡斑➡15分➡玉石➡15分➡斑（➡バス15分➡）笛吹＝およそ12キロ

分かれ道で行き合ったおばあさん。「体が動くうちは畑に出たがよか」と島を離れた子どもたちに言われ、毎日、1km先の小さな畑の世話に通っている。
牛舎からトラックに乗ってきたウシたち。この海の眺めと潮風に刺激されたか、「ザーザー」と、いばりの音もスゴイ。
大長崎
牛舎
モォ〜
柿の浜海水浴場
宇久町へ
定期船
柳港
芋畑
芋畑
芋畑
芋畑
浜津後目
浜崎鼻
船溜り
浜津郷
柳郷
161
日本名松百選
姫の松原
志々伎神社
中村郷
玉石甌穴《おうけつ》
斑島郷
海原に向いて白い鳥居がちょっと不思議な光景をかもす《玉石大明神》。ポットホールが信仰の対象になっている。
バス停 斑
ゴール
斑《まだら》島
アワビ種苗センター
斑大橋
七曲りの上り坂
下り
簡易のセメント道を進む
225
斑バス停からフェリー発着場までバスに乗って帰る。
大長崎から浜津後目《うしろめ》へ向かう途中、サツマイモ畑を抜ける道で、こんなサツマイモトラックと出合った。「ああ、うまそうな芋!」と言ったこっちの声に、助手席の女の人が笑って「おはよ、ございます」
江戸時代の捕鯨の網元の暮らしがわかる
歴史民俗資料館
役場
161
丸まタクシー
離島待合所
あわび館
小値賀港フェリー発着場
商店街入口
笛吹郷
スタート
博多↔五島フェリー『太古』
黒島
博多から
福江島へ

かるいに牧草を背負ったおじいさんに道案内してもらう

が吹く日は地元の人でも縮み上がるといっていた。

フェリー待合所には石油ストーブと仮眠寝具が用意されているけれど、気合いもろとも漆黒の町へ歩き出す。すでに笛吹は起きている。道具を手にした漁師、弁当屋の店先にも働く人影、ジョギングする人とも何人かすれ違う。神社の石垣の横を抜け、巨大な役場の建物を過ぎ、島を左右等分に縦断する大きな車道を真北に向かう。

島の真ん中の道沿いには学校が集中し、左に校舎が始まるあたりから、背の高いクロマツの並木道に入る。これが日本名松百選に名乗りを上げる姫の松原なのだが、木が太るほどに道は暗く、子供の頃に経験したような恐怖心に襲われる。黒々とした枝がおおい被さり、外灯もなく、人っ子一人通らない。どうにか闇のトンネルをくぐり抜け、左へ折れて間もなく台所に電気が灯る柳の集落。港から少し上ると畑の中、道標に従って柿の浜への入口を探す。

突然、右左に弧を描くように岬を延ばすきれいな入江に出た。空がようやく色づき始めて、目の前の雲の切れ間に日の丸のような太陽がポッカリと顔を出す。朝日は何度見ても感動せずにはいられない。朝焼けに染まりながら、コーヒーを沸かしてフランスパンのサンドイッチで朝食。はるばる遠足に来てよかった。

もう少し先の大長崎まで足を延ばす。途中の牛舎で「モーウ」と挨拶してくれた牛たちが、トラックで追い越して先に岬の広々とした草原に放たれ、もう一度出迎えてくれた。ここからは北東に宇久島、西に断崖絶壁の五両だき、その向こうにこれから向かう斑《まだら》島が美しい。引き返して柿の浜とは反対の右に曲がって、うねる丘陵のイモ畑の中を浜津へ。港を囲む家並みを抜け、浜崎鼻への途中でおばあさんに、「こっちの坂を登って七曲がりしたら県道に出るから」と教えてもらった。松林の中の小道を松葉を踏みしだきながら歩く。

遠足するには足に合った靴を見つけるのがまず第一。長距離歩いて豆ができたり、圧迫されて痛かったり、足のトラブルはできるだけ避けたい。険しい山を登るわけ

小値賀は島全域に冬なお緑のクロマツが生える

笛吹の漁港に桜乾《さくらぼし》が並ぶ

ではないし、舗装道路も歩くので、やはりいちばんいいのはウオーキングシューズ。ショックを吸収する厚い底、地面を捉える深い溝、足にしっかりフィットした靴を選ぼう。最近目にするようになった歩くための靴専門店やアウトドアショップを探せば、適切なアドバイスも受けられるし、靴の種類もそろっている。

やがて大きな車道へ下り、右の斑島へ方向転換。瀬戸を結ぶ斑大橋を渡ると港。どこの漁村にも負けないほどここにも猫がいる。玉石を目当てに海岸沿いを北へ。再び広々とした草原に立つと、草と岩の境に白い鳥居が目立つ。あたり一面、海綿のようにボコボコと穴だらけの玄武岩が水際まで続く。矢印に従うと、深さ三メートルはあろうかという筒穴の底に、つるつるに磨かれた大きな玉石が入っていた。穴も玉も気の遠くなるような時をかけて打ち寄せる波が削ったものだそうだ。

集落のそばを通る時は、必ず家並みの中の路地を歩く。家の前で仕事をしている人に話を聞いたり、塀の上で日向ぼっこをしている猫がいたり、表情豊かな戎《えびす》さんが祀られていたり、いろんな出会いがある。ここ斑島唯一の集落にも家々が肩を寄せ合う路地があった。北側から村に入る境に、まるで門構えのような樹。時を経た根はゴツゴツといびつに太り、密集した枝が道に笠をさしかける。村の主《ぬし》のようにはるか昔から、斑郷に入る人間たちを見定めてきたのだろう。

五時に歩き始めて約六時間。十一時少し前に斑バス停を折り返す便に乗って笛吹へ帰る。これを逃したら次は十三時過ぎ、船に飛び乗るのにぎりぎり。もしくはタクシーを呼ぶ。というのも、笛吹にしかない飲食店で小値賀のおいしいにぎり鮨も食べたいし、歴史民俗資料館で少し知識も仕入れたい。旅館が三軒、民宿が五軒あるので、日にちが許せば一泊するのも方法だ。

関門橋の下の観潮遊歩道を関門トンネル人道口に向かう

26 下関　福岡県北九州市門司区－山口県下関市

海峡を海底トンネルと連絡船でつなぐ

十一月中旬

ツワブキ

関門海峡を挟んだ門司と下関には、大陸へ渡る最前線だった明治後半から大正時代に、諸外国や財閥、商社が威信をかけて造った建物が今も数多く残っている。その威風堂々の建築物群を、海底トンネルと連絡船でつないだ海峡ウオークに出かけよう。とにかくポイントがたくさんありすぎて、全部立ち寄っていては短い冬の日が暮れる。それならそれでライトアップもまた美しい。

門司港駅は慌てて駅舎を出ないで、まず構内をゆっくり見学しよう。たとえばトイレの手水鉢、青銅製だが戦争中の供出を免れて開業当時から変わっていない。洗面所も蒸気機関車が吐き出す真っ黒な煙を被ってすすけた顔を洗わなければならなかった昔の旅をしのばせる。左手隅には汽車から降りた人々がドッと港に急いだ関門連絡船通路の痕跡が口を開ける。エントランスの高い天井、待合室や切符売り場の仕切り戸、三つ折れの階段など、ネオ・ルネサンス様式が現役だ。もちろん、駅前広場から振り返って外観もゆっくり観察したい。

道路を隔ててすぐ目の前に、ブルーグレーの屋根、え

左から，
旧東清鉄道オフィス，
明治35年築
旧秋田商会，大正 4
年築
旧大阪商船，大正 6
年築

ＪＲ門司港駅➡40分➡和布刈神社➡20分➡壇ノ浦➡20分➡赤間神宮➡15分➡唐戸桟橋（➡関門連絡船15分➡）ＪＲ門司港駅＝およそ 5 キロ

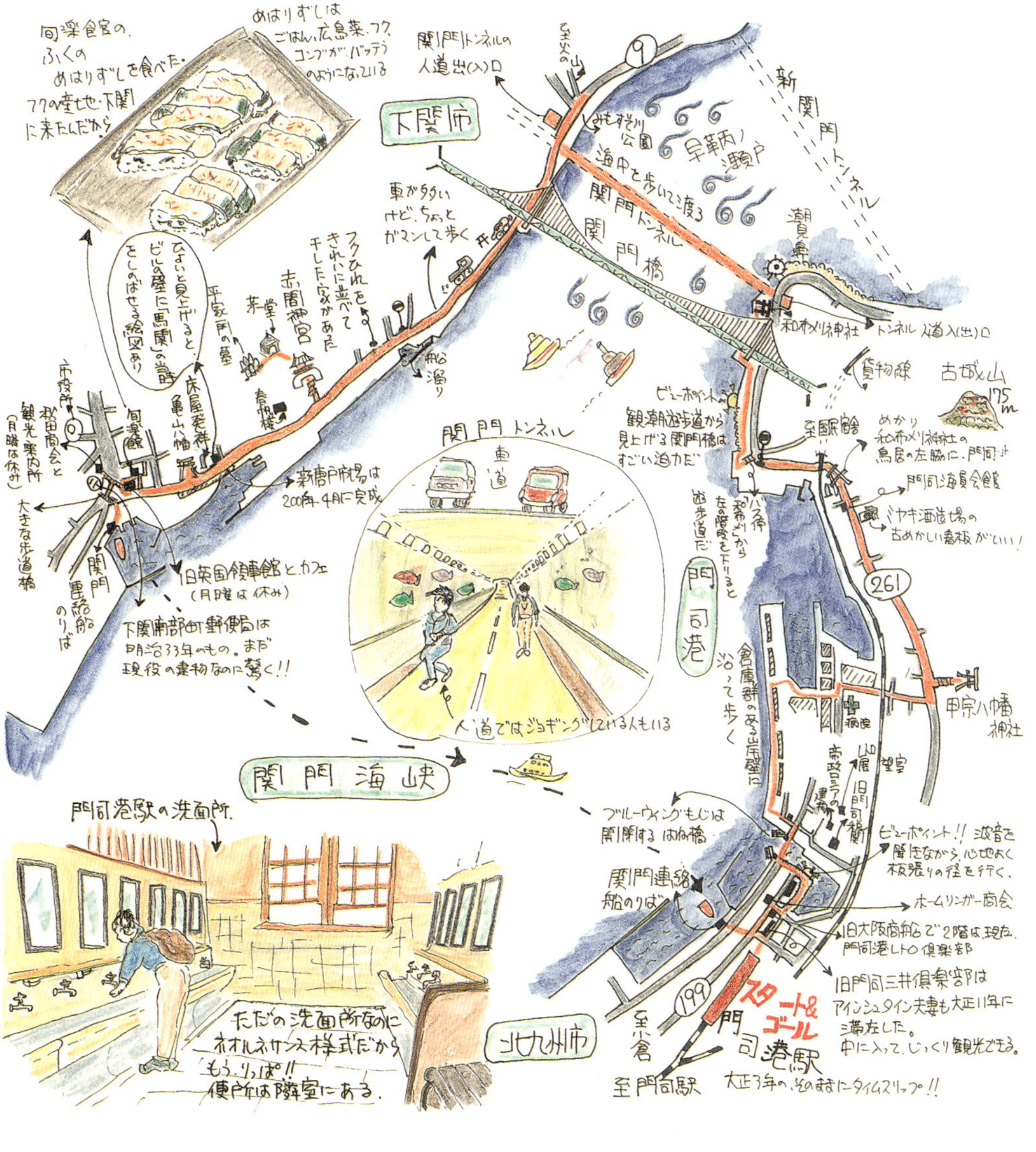

門司港駅，大正３年築

び茶色の柱、灰色の壁、白い窓枠と、シックな旧門司三井倶楽部。ノーベル賞の受賞が決まったばかりのアインシュタインがここで一週間を過ごしたと、二階に当時を再現する。中でも日本訪問の印象をまとめた手紙はぜひ一読を。当時の日本人の慎み深い高潔さと美しい日本を簡潔な文体で書き残す。入口のステンドグラス、シンプルなシャンデリア、部屋ごとに趣の異なる暖炉、ドアや天井、腰板、階段の細工、装飾は、どれをとっても今の日本人には生み出せない美しさを秘めている。

左手裏に旧大阪商船の、緑の丸い屋根に赤茶色の六角形の塔がのぞく。回り込んで塔の下まで来ると、その斜め前にホームリンガー商会。右手は最近にわかに造られたホテルや美術館が取り囲む公園と船だまり。対岸に旧門司税関と大連から移築した旧東清鉄道オフィスが、後ろにそびえる超現代的なレトロハイマートと好対照だ。はね橋のブルーウイングもじを渡って、東港町の倉庫が立ち並ぶ岸壁を北進する。こちらまで足を延ばす観光客は少ないらしく、地元の人がのんびりと腰を下ろして釣りを楽しむ。突端まで行ってしまっては引き返さなければならないので、適当に途中で右に折れて門司労災病院の横を通って貨物専用線路を踏み切り、甲宗八幡神社の屋根を左手上に確認して大通りを左に曲がる。少し先に古めかしい看板を掲げた老舗の酒屋さんを見つけた。道なりに門司関跡。音が同じだからか、門司が文字と化けている看板があった。和布刈《めかり》公園前のバス停から海側のノーフォーク広場へ階段を下る。

早鞆《はやとも》の瀬戸のすさまじい流れと関門橋の巨大な橋桁を見上げて和布刈神社へ。上がれば関門トンネル人道口、エレベーターで下りて海底を七八〇メートル歩く。中央まで緩やかに下り、県境を越えるとゆっくり上る。何度も往復して走るジョガーが二人、車が通らないので格好のコースになっている。水圧のせいなのかどんどん体が重くなってきた。

空の下に顔を出してホッとすると、そこが壇ノ浦。

旧門司三井倶楽部，大正10年築

旧英国領事館，明治39年築

この先、国道9号線の歩道を南下するので少々息苦しい。家並みに入って初めてフグヒレの天日干しにお目にかかった。やがて浦島太郎の龍宮城をイメージさせる赤間神宮の楼閣。石段を上って社殿を左に入る。まず耳なし芳一のお堂、その向こうに平家一門の墓所。琵琶を抱えた両耳のない芳一の木像がいやに生々しい。なるほどこんな位置関係だったのかと、昔読んだ話を思い出す。

隣が安徳天皇の御陵、その隣が割烹旅館で日清講和条約締結の舞台、春帆楼《しゅんぱんろう》。その先でふと見上げた店先に天保十三（一八四二）年に狩野芳崖が描いたという馬関真景図。赤間ヶ関（下関）の番所や舟着場の様子がうかがい知れる。少し歩いて右に床屋発祥の碑、左に山陽道の碑、亀山八幡宮へ上って、右横のセメント床の駐車場を端まで進むと下りの階段。その一階が唐戸市場、もちろん昼過ぎなので誰もいない。

そのまま進めば旧英国領事館の赤れんがにたどり着く。フグのおいしい唐戸までせっかく来たのだから、やっぱりふく料理を食べたい。領事館と唐戸銀天街の間に旬楽館を見つける。ふく天丼、ふくのめはり鮨がそれぞれ千円と手頃。この後、英国領事館の喫茶室で英国風ティータイムと洒落込もう。

領事館前の歩道橋に上ると対岸に屋上に木々を戴いた旧秋田商会と、幅広で堂々とした南部町《なべちょう》郵便局（明治三十三年築）。ちょっとウエスタンスタイルを連想させる郵便局は現役の郵便局としては最古の建物だそうだ。門司側は年末年始以外は無休という所が多く、下関側は英国領事館、現在は観光情報センターとなっている秋田商会ともども月曜日が休館なので要注意。唐戸港から二十分おきに出港する関門連絡船に乗り、十分ほどで海峡を渡って振り出しの門司港に戻る。

関心の度合い次第だけれど、このほかにも足を延ばしたい所はある。たとえば出光美術館、大正時代に建てられた倉庫を生かした建物の中に陶磁器や絵画を展示する。黒川紀章氏が設計した高層マンション、レトロハイマートの三十一階にある門司港レトロ展望室。東清鉄道オフィスの二階は中国や東アジアの本を集めた図書館、三階は資料展示室になっている。

広々とした佐賀平野を金立山を目指してはるばる歩く

27 諸富　佐賀県佐賀郡諸富町－佐賀市

徐福といっしょに不老不死の仙薬を探す

十一月中旬

秦の始皇帝に命じられて、はるばる中国からやって来た徐福は、筑後川河口に上陸し、佐賀平野を北上して、金立山《きんりゅうざん》にフロフキ（不老不死がなまった）を見つけた。目的の薬草は探し当てたものの、佐賀の地があまりにも居心地が良かったのでそのまま居ついて、結局は中国へは帰らなかったらしい。果たしてその仙薬の正体は。本当に徐福は来たのか。理想郷である蓬莱《ほうらい》を縦断する。

昇開橋を目指して川べりに出ると諸富鉄橋展望公園。赤いあずま屋に徐福伝説が陶製のパネルで紹介されているのでしっかり読む。数に関しては諸説あるが、子供や技術者を含め三千人を引き連れて、二十隻の船で蓬莱の国を目指したらしい。

朱の大盃を海に浮かべて流れ着いた所を上陸地点とした浮盃《ぶばい》。一行が手で払いながら進んだために片葉になってしまったアシ、その落ちた片葉が魚のエツになったとも。上陸して真水を求めて掘った御手洗の井戸。穀物の栽培法を教え、ビャクシンの種を植え、阿辰《おたつ》と恋仲になり、あちこちに足跡を残す。

寺井津の戎

諸富橋バス停➡20分➡昇開橋展望公園➡30分➡徐福上陸の地の神社➡20分➡御手洗の井戸➡30分➡新北神社➡40分➡光法駅舎跡／徐福サイクルロード➡120分➡清古踏切➡130分➡徐福長寿館／金立高速バス停➡＝およそ19キロ

もと国鉄佐賀線の軌道敷を、徐福サイクルロードとして復活させた。ゆかりの地を数カ所寄り道して、少しだけ自転車道も利用する。記念に残されている光法《みつのり》駅舎跡を過ぎて、クリークを二回渡って右に折れる。水路

筑後川に架かる赤い昇開橋，昔は汽車が通っていた

沿いに北上して、器用に隠れる水鳥のバンを数回目撃する。鼻に鮮やかなオレンジのトレードマーク、体は黒褐色で中型、声も動きもひょうきん。

佐賀平野は水路が縦横に走って、白やグレーの大型のサギ類がたくさんいる。カラスの仲間で、白と黒と紺のトリプルカラーのカササギも愛嬌者。とにかく鳥は相手よりも先に見つけること。場所を確認したら、その鳥を見ないよう、風下ならなおいいが、できるだけ足音を忍ばせて距離を縮める。近づいた所でチラチラと盗み見る。彼らは非常に用心深く、カメラにしろ目にしろ、視線を感じたらすかさず飛び立ってしまう。

佐賀江川を渡って巨勢《こせ》川縁に出るまでが迷いやすい。方向を見失いそうになったら、真北に遠くかすむ脊振山系を確かめる。金立山の頂上には三段になった鉄塔が立っているので目標になる。最近、新しい道や橋がどんどん造られていて、地図に載っていないものもあった。広い佐賀平野、方角さえまちがえなければ道はどこかでつながっている。

修理田で巨勢川にたどり着いたら、離れないように土手道を行く。JR長崎本線を横切った先で、整備された巨勢川誘水池。やがて川がだんだん細くなって金立町。ポンプ小屋を右に見て、ジャリ道から新しい舗装道路に移る。犬を散歩させていた女性に、長崎自動車道金立サービスエリアの北に隣設する金立公園への近道を尋ねたついでに、フロフキを知っているかと聞いたら、

「村の何人かの年寄りが金立山のフロフキの在りかを知ってるそうですよ。その人たちが何歳まで生きるかですね」

と笑って教えてくれた。

長距離歩いて夕方も近い、早く入らなければ徐福長寿館が閉まってしまう。

「徐福は今でいうボートピープルだと私は思うんですよ」と大野恭男館長さんはおもしろい話を始めた。

歩き心地もなかなかの徐福サイクルロード

不老不死の秘伝を授ける徐福長寿館

「『不老不死の仙薬を探す』と始皇帝をだまして圧政の秦から逃れ、理想郷がつくりたかったんだと。だから国中から募って三千人もの子供や技術者を連れて来たんじゃないでしょうかね」

　九州全体の人口が七千人と推定される二千二百年前の弥生時代に、五穀や宝を携えた三千人もの中国人が大船団でやって来た。こちらは皮や粗布を身にまとっていた時に、千反の布を敷いて行軍したというから、現地が受けたカルチャーショックは想像もつかない。証拠は少し後に吉野ケ里で稲作が始まったことだという。

「徐福は金立山の上宮付近で薬草を煎じる仙人に出会い、不老長寿の霊草としてフロフキを教えてもらった」と嘘のような本当の話はまだまだ続く。館内には大事に育てられているフロフキもある。深緑の丸い葉に白い苔がついたような草で、そう言われれば何だか効きそう。館長さんの巧みな話術に、「へえ、なるほど！」とすっかりその気になってしまう。

　徐福館が閉まった後は金立公園の見学。周囲を取り巻く五百種類にもおよぶ薬用植物園も興味深い。

　不老長寿の話がおもしろければ、日を改めてもう一度、金立を訪れてフロフキが自生するという金立山を目指してみよう。徐福館から西に出発して、弘学館の校舎の北側を巻く緑のシャワーロードを進む。キャンプ場の管理棟の手前、左下に中宮を見て、反対の右に登る。石を埋めたセメント道路はすぐ途切れ、落ち葉を踏みしだく気持ちのいい土径。道標に従って左の丸太橋を渡り、そこから先は樹木を縫った一本道で迷いようがない。

　余裕があればフロフキを探したいところだが、参道の両脇に生い茂るウラジロもなかなかの景観。雲母を含んだキラキラ光る鉱石がそこら中に落ちてるので記念に一つ。山にはかなりイノシシがいるらしく、驚かさないように注意が必要かもしれない。

　上宮の樹間から佐賀平野が眼下に広がる。徐福が目にした蓬莱の豊かさを了解する。そして有明海からの道のりが、前回歩いた徐福の道というわけだ。

　裏の木の階段を登って車道、突き抜けて鳥居をくぐると奥の院のある頂上。帰りは夕陽と追い駆けっこしながら林道を下る。金立サービスエリアから登って下りて七キロの徐福を訪ねるもう一つの遠足。

28 福智山 福岡県田川郡赤池町−直方市

地球の丸さを実感する福智山の頂

十一月下旬

ツルリンドウの実

性別や年齢を問わず誰でもが楽しめる九州自然歩道

上野峡➡15分➡白糸ノ滝➡120分➡八丁ノ辻➡15分➡福智山山頂➡30分➡からす落➡30分➡豊前越➡30分➡山瀬越➡80分➡竜王峡バス停➡＝およそ9キロ

標高約九〇一メートルとそう高くはない福智山。だが、その草地の頂上からは周防灘の向こうに国東半島、関門海峡を越えて本州、緩やかに蛇行する遠賀川の河口の先に洋々たる響灘、東の三郡山から南々西の古処山、そして南々東の英彦山までぐるりと続く山並みと、三六〇度の眺望がそれは見事。できれば大気が澄んで、遠くまでくっきり見える初冬に登りたい。

平成筑豊鉄道を赤池駅で降り、駅舎に隣りあった田川構内タクシーで上野峡まで送ってもらう。住民のための循環バスがあるにはあるけれども、本数が少なくて接続がうまくゆかない。ドライブの途中、視野が広くなった彦山川の土手あたりから、福智山の白く輝く頂が二つの山の間からのぞいて見える。川を渡って登りになると、道の両側に上野焼の窯元が点々と続く。上野まで来て前を素通りするのは後ろ髪を引かれる思いだが、ここで時間をさいては短い冬の日、山径で日が暮れて立ち往生してしまう。とにかく今日の目的は福智山の頂、欲ばらずにまたの機会に譲っておこう。

白糸ノ滝への入口で案内板を見ていたら、熊

彦山川の土手から望む福智山

本から来たという男女混合二十四人のパーティーに出会った。話を聞くと行程はまったく同じ。道案内を頼んで一番後ろからついて行こう。

女性が多い構成を疑問に思って成り立ちを尋ねた。「公民館の登山クラブです。最近ブームだから会員は全部だとこの倍ほど。だいたい月に二回は登ってますね」と佐藤国雄さん。福岡よりも熊本の方が熟年登山は盛んなのかもしれない。失礼ながら皆さん、年はそんなに若くはない。なのに白糸ノ滝を眺めている間に姿が見えなくなって、すでに置いてけぼり。

登山道で迷わないように、先達が残した印の読み方を覚えたい。まず九州自然歩道のように整備された径には要所に大きな案内板があって、広範囲の登山道を詳しく紹介する。径途中のカタツムリマークの杭には、その場所の地名と次までの距離が記されている。一般に登山道では迷いそうな箇所の木の枝や幹に幅二センチほどの赤いビニールテープを巻きつけ、所によっては太い幹や岩に赤ペンキで矢印や丸を描いて正しい方向を示す。白いテープや×印は「登山道ではない」という意味なので踏み込まないように。進んでいてずっと何の標識も印もない時は、最後に見た所まで引き返した方が賢明だ。

白糸ノ滝の先の急な坂をずんずん登る。まるで等高線に対して垂直に突き進んでいるような印象。途中、木をつないで張ったロープにつかまりながら、体重を引き上げなければならないほどの傾斜も経験する。高度を一気に稼ぐので、樹木の切れめから見える下界の変化が著しい。約二時間、腕も足腰もしっかり鍛えてひょっこり草地に出た。八丁ノ辻で一度下って、再び登り、ようやく福智山の頂に到達する。

先ほどのパーティーに再び行き合うが、すでに弁当を食べて出発するところだった。滝を見た後ちょっと下って上野登山口から上野越経由で楽な径を来たらしい。楽で早く着くのならそちらの方がよか

八丁ノ辻からもうひと登りで頂

福智山の頂を背に尾根径を行く

ったのかも。しかし、ほんとに福智山は人気がある。昼食を食べて休んでいた小一時間の間に老若男女、三十人は登ってきた。

　頂からの見晴らしはやはりすごい。福岡の立体地形図を眼下に納める。遠賀川が潤す平野は思ったより広く、豊かな田園風景が果てしなく続く。英彦山塊は山また山が険しくてとても奥深そう。セメントの材料をとるために掘削した香春岳が痛々しい。福智山を見上げた鱒淵ダムが谷間に深緑の水をたたえる。あれは本州のどのあたりだろうか、複雑に入り組んだ海岸線が美しい。手前に関門橋の突端のライトが間遠に点滅する。

　位置関係を確かめながら、納得がいくまでひとしきり眺める。ここを離れたら後は樹木の中で展望はない。下りはまず足下のからす落まで、まさに空が飛べるカラスさえ落ちそうな斜面。足元はさほど悪くないのでしっかり足場を確保すれば大丈夫だ。避難小屋の荒宿荘のそばにたぬき水、そこから山瀬越までの尾根径はほとんど平坦で、木漏れ陽が差し込む林の中。ふわふわとした落ち葉を踏みしだいていい気持ち。頂からの眺望もさることながら、この森林浴の道行もすばらしい。

　豊前越から右に下れば七重の滝を通って鱒淵に出る。東に下りると公共の交通機関までの距離が長くなるので西の直方方面が便利。そのまま尾根径を直進して、杭に小さく書かれた山瀬越の文字を見つけてから左に下る。町よりも山の方が陰り始めたら日足が早い。太陽が沈むと林の中は自分の足も見えないほどに真っ暗なので、時間管理は怠らないように。あれだけ人に出会ったのに日が傾き始めたらもう誰もいない。

　すぐ頓野林道と交差して、少し下った二又では赤いビニールテープを目印に左へカーブ。しばらく歩いて出合う川の流れに沿って下れば迷うことはない。せせらぎと径が入り組んでわかりにくい箇所もあり、赤いテープを探して時々径を確認する。道が簡易舗装になったらやがて竜ケ丘公園、バス停のある安入寺の集落までは明るいうちに下り切りたい。

29

水に親しむ都心のウオーキング銀座

室見川　福岡県福岡市西区－早良区

十二月上旬

百道浜の夕陽

「街の真ん中にこんな歩き心地がいい道が！」と初めての人は必ずびっくりする室見河畔。下流から約七キロの松風橋まで両方の河川敷に、事故を心配せずにのんびり歩ける遊歩道が整えられている。つまり左岸を上って右岸を下れば、大橋と百地浜を加えて一五キロだから、ゆっくり一日かけて遠足するのにちょうどいい。

遠足して困るのがトイレ。人里離れた山や海なら藪にまぎれて自然回帰も平気だが、街中でどちらを向いても人目がある所はほとほと困る。まず歩き始める前に降りた駅で必ず借用するよう心がける。運動公園や役場、公共施設、たまには小学校の小さなトイレを借りるのも楽しい経験。公共トイレの特徴は短い小さな煙突、上の方に開いた小窓、ポツンとほかと離れた風情。最近はお洒落な建物に感心することも度々。野歩きを重ねると、どういうわけか見つけるのが上手になってくるものだ。

室見川へは特に気負って出かける必要はない。現地までの公共交通機関も便利。体力に合わせて短縮、延長が自由自在。河岸を少し離れれば店もあるので飲み物や弁

■右 ── まず室見川の左岸，西区を川上に向かって歩き始める
■左 ── 河岸に広いスペースを確保した親水公園

地下鉄室見駅➡130分➡松風橋➡130分➡室見橋➡40分➡ＴＮＣ会館前バス停＝およそ15キロ

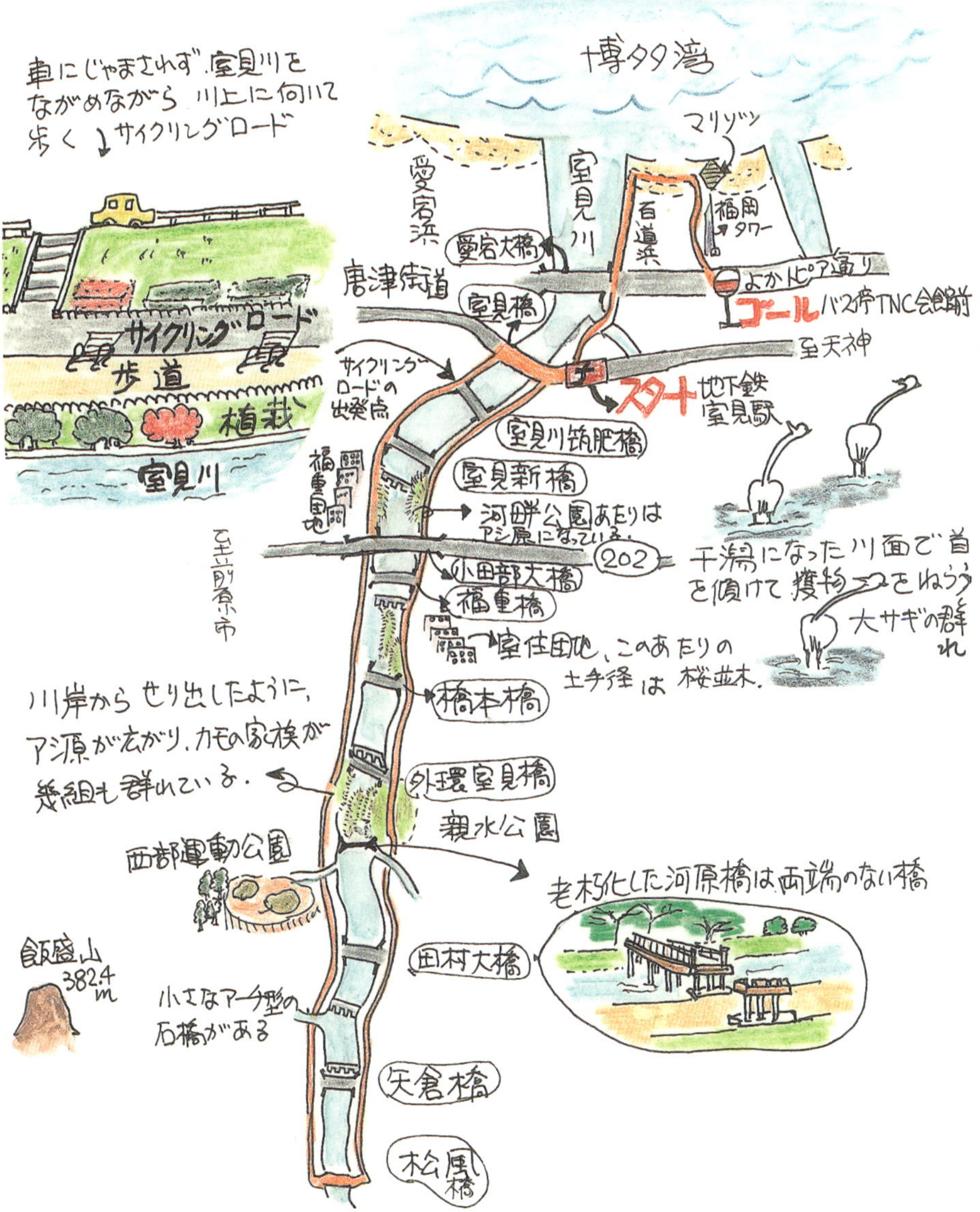

河川敷にはサイクリングロードと歩道が並んで走る

当の準備をはしょっていい。川沿いで迷うこともないから地図もいらない。トレーニング感覚で季節を変えながら何回か歩くつもりで気軽に行きたい。ちなみに右岸、左岸は下流に向かって右、左をいう。

福岡市には約百三十本の川が流れているとか。中でも室見川は福岡市内に上流も下流もあって完結する数少ない形をとる。脊振山地に源を発した小さな川を集めた曲淵の下からが正式には室見川。その後も椎原川や小笠木川、日向川などの支流を加えながら、南北に一六・三三キロを貫き、シーサイドももち横では河口幅五一〇メートルの大きな川に育って博多湾に注ぐ。

地下鉄の室見駅からひょっこり地上に顔を出す。巨大な室見橋を渡って、川から離れないように愛宕一丁目のビル街を抜ける。河岸に下りるのは室見川筑肥橋の先から。すぐ上流に最初の堰《せき》があって、せせらぎでは子供たちがキャーキャーはしゃぎながら網で何かすくっていた。小田部大橋の手前が福重団地、福重橋の向こうが室住団地、整然と建物が列になる。橋本橋を過ぎると途端に水がきれいになって、川底が見えるほどの透明度。「福岡市一美しい川」と呼ばれる室見川と納得する。

唐突にハイウエー並みの外環室見橋が出現。次は対照的な木の河原橋、今は使われていない証に両端が断ち切られている。小さな支流の橋を渡ると西部運動公園、ここでトイレを拝借すれば、後で慌てなくてすむ。左岸のこのあたりはすっかり田園風景。下流から松風橋までに乙井手や立花など六つの堰があるのだけれど、左岸の遊歩道は橋と堰のたびに途切れて、いったん車道へ上ってまた下りなければならない。右岸はその点、橋の下をくぐってかなりスムーズ。室見川を境にする西区と早良区の行政の違いだろうか。

松風橋で折り返し、矢倉橋から田村大橋までは細い河岸の車道を下る。工場を迂回してもつ鍋で有名な万十屋の横に出る。その土手から再び遊歩道が始まる。室見川河畔公園あたりはウオーカーのメッカ。シルバーエイジの散歩は夜明けとともに始まり、昼間はもっぱら若いお母さんたちが赤ちゃ

愛宕大橋から松風橋の間に6つの堰

一番初めに整備されたらしい早良区の室住団地横の遊歩道を下る

んの日向ぼっこや幼児の散歩に付き合っている。授業なのか遊びなのか元気な子供たちが水に入る。夕方ともなれば、クラブの訓練らしく真剣にジョギングする若者、それを早足ウオーキングで追いかける中高年、学校帰りに鞄をさげたまま道草する学生、だだっ広い空間でぴったりと寄り添って歩くカップル。豊かな水とやさしい緑が心を和ませる親水公園はどの時間帯も人気は高い。

室見新橋のあたりから室見橋の間は、引き潮で右岸の方に洲が現れる。その日に通りがかったのは夕方だったが、潮が引いた砂地の上にかがむ人影がちらほら。大声で何が獲れるのか尋ねたら、ちょっと小ぶりのヤマトシジミらしい。みそ汁の具にするととてもおいしいとか。逆に淵になった左岸の流れの中では数カ所で、胸までのゴム長靴を履いた男の人が投網を何度も繰り返して投げている。それに春先にはヤナを仕掛けてシロウオ漁が始まる。愛宕浜の方では防波堤からのボラ釣りが盛んだ。室見川に限っていえば、豊かな食べ物をもたらしているのだから、都会の川は汚いというイメージは返上したい。

恩恵にあずかっているのは人間だけではなかった。表層に上がってきた貝やカニ、浅瀬に群れる小魚を狙ってダイサギも流れの中で狩りをしている。その大きなサギたちの格好がこれまた愉快。なぜか全員が長い首を右側に同じ角度で傾斜させる。西日で水面が反射して水中が見えにくいからなのか、はっきりした原因は不明だけれど、皆が東へ傾いているのだ。

室見一丁目の住宅地を横切って、いったん金屑川を渡り、再び室見川岸に戻って百地浜に出る。パステルカラーの高層ビルで埋め尽くされ、新都市のイメージをそのまま具体化したような街並み。河岸に近い場所を占める戸建の宅地も、隣との境がすべて生け垣なので思った以上に緑が多い。シーサイドももち海浜公園を海に沿って縁どるウオーターフロントプロムナードへ。超現代的な新都市と白い弓なりの人工海浜を松林の深緑が違和感なく結ぶ。銀色に輝いて天を突く福岡タワー、双肩のＲＫＢとＴＮＣの放送会館、堂々とした市博物館と市総合図書館が福岡市の文化度を顕示する。

30 曲渕 福岡県福岡市早良区

緑の渕を一気に住民の増える冬に訪問

十二月中旬

白サギ

川原に茂ったヨシの金色の穂に陽が映える

うっそうとした樹林の下、奇岩の間を野河内《のごうち》渓谷の清流が駆け下る。十二月の渓谷は少し寒いかもしれないが、せっかくここまで来たのだから冬枯れの渓谷美をのぞいてみよう。渓谷ぎわの遊歩道も奥まで行ってせいぜい三十分足らず。それに途切れるあたりの岩を深くうがった水の道は、一見の価値がある。

「昭和二十年頃までは川面に口つけてゴクゴク飲んだ。アブラメやサワガニもようおったよ。ここから上は昔とあんまり変わらんごたあ」と、野河内に七十年暮らす波呂孝三郎さん。ちょうど出口に山里の味処滝やま荘もあり、冷えた体を昼のだご汁定食で温めるという楽しみ方もありそうだ。味つけもなかなかで、地鶏でだしをとったうどんもおいしかった。

いよいよ渓谷に続く八丁川に沿って歩き始める。川辺は水の流れとともに下るのが楽。できるだけ車道か

野河内バス停➡25分➡野河内渓谷自然歩道終点➡20分➡野河内➡20分➡曲渕小学校➡20分➡曲渕ダム➡30分➡下ノ畑➡30分➡内野小学校➡25分➡内野バス停＝およそ 8 キロ

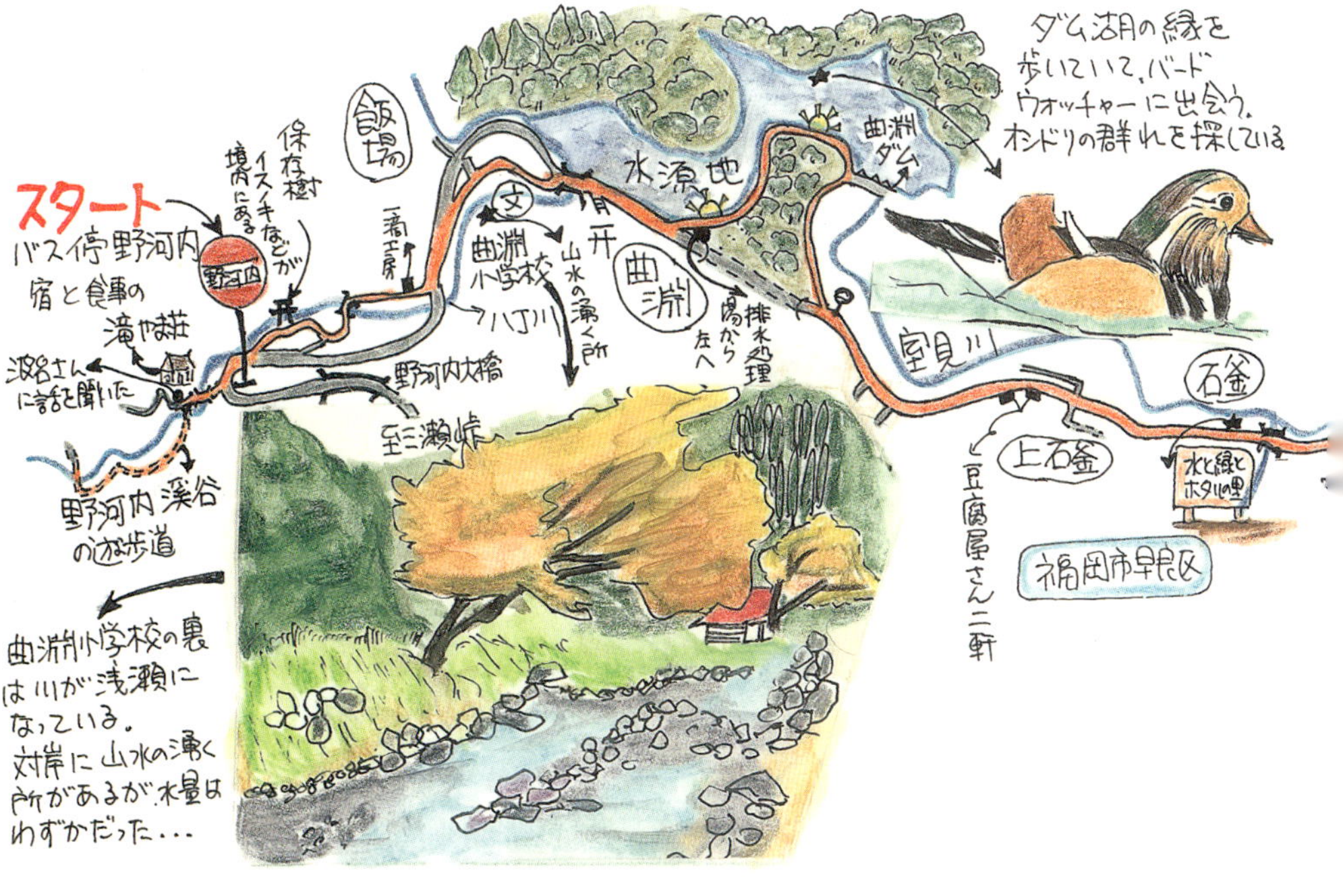

曲淵小学校の裏，対岸の岩の下から地下水が湧き出る

らそれて、村中の細道をたどる。短い陽を惜しんで残り咲きのコスモスが風になびく。川沿いに右に入った曲淵小学校の裏、浅瀬を渡った向こう岸に地下水が湧き出す口がある。岩の下からボコボコと清らかな水があふれていた。口に含むと山水特有のやわらかい味。車にポリタンクを積んで遠くから汲みに来る人もいるらしい。

結実の時期はいろいろな収穫が楽しめる季節。たとえば、カキやミカン農家の側を通ったら、「少し分けてください」と声をかけてみよう。思わぬ安い値段で手に入ることもしばしば。歩いていても頭上にアケビやムベがぶら下がっていたり、下枝にムカゴをいっぱいつけたつるが絡まっていたり。野生の草花の種も成熟して採り頃。たとえば、オシロイバナのしわしわの丸い種、アサガオの半月形の種、コスモスの細長い種、カラスウリの大黒様の形をした種。少しもらって来年の春にまけば、歩いた思い出といっしょに花が開く。

透明だった川が緑に染まって巨大な淵に姿を変える。青緑に静まる曲淵のダム湖にぶつかると、新道はトンネルをくぐるが、徒歩なら湖の周囲を巡る古い道が気持ちいい。半分ほどの所で対岸にオシドリの群れを見つけた。メスは地味だが、オスにはそり返った派手な羽飾りがあるのですぐわかる。五十羽ぐらいだろうか、木に止まったり、水浴びしたり、追いかけたり、楽しそうに遊ぶ。寒が締まると淵の住民は一気に増える。人里離れた静かな曲淵で越冬する渡り鳥は多い。

「福岡市周辺の水辺で越冬する二十種類ほどの渡り鳥のうち、七、八種類がこの曲淵で見られます」と、オシドリの群れを望遠鏡でのぞきながら日本野鳥の会の北野星二さんが教えてくれた。

膨大な水が巨大なダムで堰き止められ、その向こうははるか下で再びせせらぎへ戻る。曲淵ダムは福岡市が最初に造った上水道ダム。七年の歳月をかけて大正十二（一九二三）年に完成、市の人口八万五千人といわれた当時、十二万人へ給水する能力を持っていた。

正式にはダムの先から八

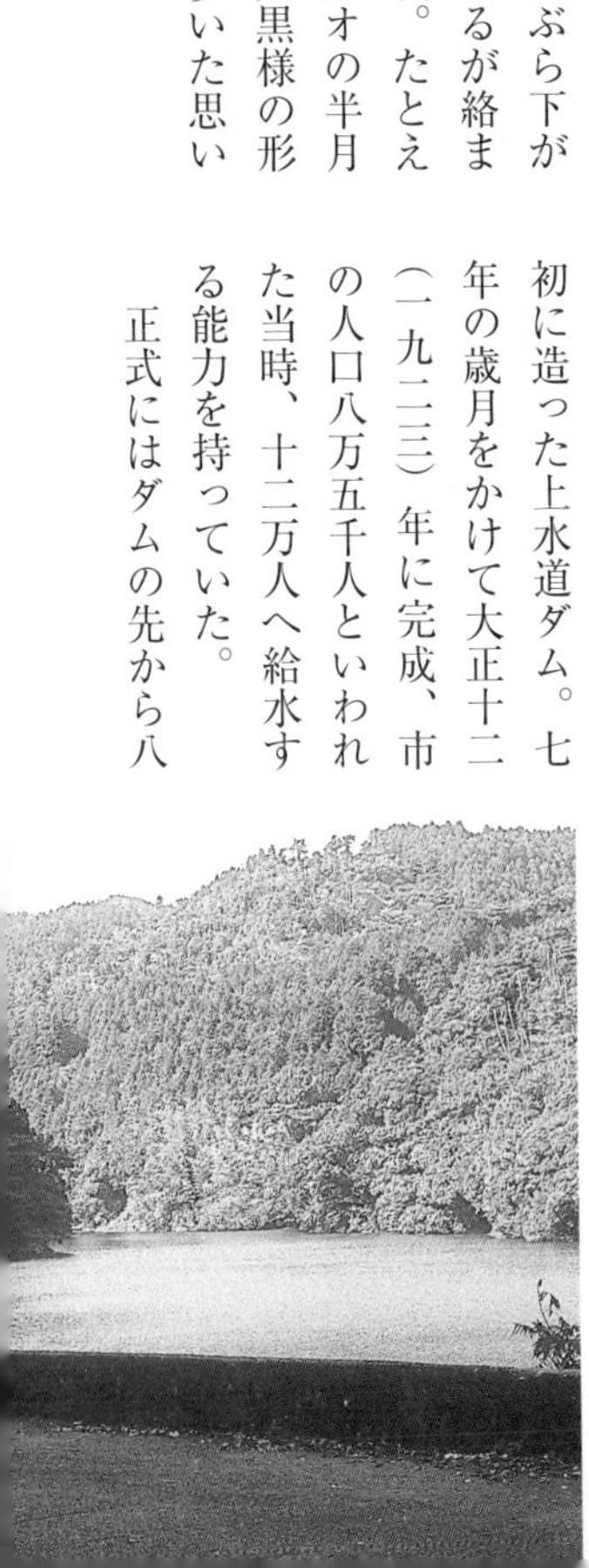

曲淵の古い道，対岸にオシドリの群れを見つけた

ヨシが茂る川沿いの心地いい細道

丁川が出世して室見川と名を改める。トンネルから出てきた車道に合流して急な坂を下ると石釜。きれいな水が豊富な里では昔からおいしい豆腐が作られている。沿道に二軒、鳥飼豆腐と石釜豆腐。どちらも味が自慢の寄せ豆腐を買って、帰って食べ比べるのも歩いた証拠づくり。

家並みを行き過ぎた下ノ畑で「水と緑とホタルの里」の看板が目に止まる。室見川の上流、中流一帯は夏になるとゲンジボタルが乱舞する。平成元年に環境庁が「ふるさといきものの里」に認定。早良区は「室見川ほたるの里だより」を発行して、清流のシンボルとして地域ぐるみで生育しているのだとか。

その下ノ畑の橋の手前で、右岸へ下りる。川沿いに細道が続いて歩き心地がいい。内野小学校脇の川原には一面にヨシが茂り、傾むいた陽に透けて穂が金色に輝いて見える。はたしてヨシとアシ、この区別がつくだろうか。正体を明かせば同じ植物。葦を別音でヨシという。アシの音が「悪し」に通じるので、読みを反対の「善し」としただけのこと。いにしえ人の連想ゲームだ。

川から離れまいと土道をズンズン行っていたら、雑木林と路地を抜け、大橋を渡って早良街道に出た。ここから先は息苦しい車道になるので内野からバスに乗るけれど、もう少し下流まで足を延ばして西入部まで行ってみてもいい。

丸隈橋と伊田尻橋の間は両側から赤みを帯びた大岩に挟まれて流れが狭まり、また少し表情の違う室見川を見ることができる。ここは箱形だったが、そういえば上流には筒形の網があちこちに仕掛けられていた。

「ツガニが捕れるのは室見川がまだまだ清流の証。水がきれいやけん、ここのカニの味は最高たい。佐賀の玉島川んとよか、うまか」と毎年、この時期に川うけを仕掛ける人もいる。福岡市に数ある川の中で室見川は最も清流だと地元の人たちは誇りにしている。なるほど、移り変わる風景も変化に富んでおもしろい。

松の小さな木と生い茂る笹を分けて尾根道を下る

31 天山　佐賀県小城郡小城町－佐賀郡富士町

はるばると天に昇って行く年を送る

十二月下旬

高速バスを降りた小城パーキングエリアでタクシーを呼んで、一気に天山上宮駐車場まで送ってもらう。話上手な運転手さんが、「ここらへんの学校の遠足というといつも天山、地元の人間にとってはなじみの山」と小さい頃の思い出話をしてくれた。こんな調子で、現地まではタクシーを含めた公共の交通機関を利用する。

身一つなら通り抜けができるけれども、自分の車で行くと駐車した出発地点へ戻らなければならないという制約がつく。それに折り返した半分は一度通った道という安心感からなのか、どうも自閉的になって地元の人との出会いの機会も逃してしまうようだ。それにタクシーやバスの運転手さんの話が貴重な現地の情報だったりもする。

頂上ももうすぐという駐車場からの眺めがよかった。天空は快晴で眼下は雲海。高い山だけが白い雲の上に頭をのぞかせている。それぞれ頂だけなので地形や距離がつかめず、どれがどの山かいい当て難い。上宮の前を右に巻いて歩き始めると、すぐ広々とした稜線の鞍部、左に雨山、右が天山。「山に来たあ！」とおおらかな山容に感動する。

全方向に開けた標高一〇四六メートルの頂上からの眺めはもっとすごかった。快晴で冷え込んだ日は、南には

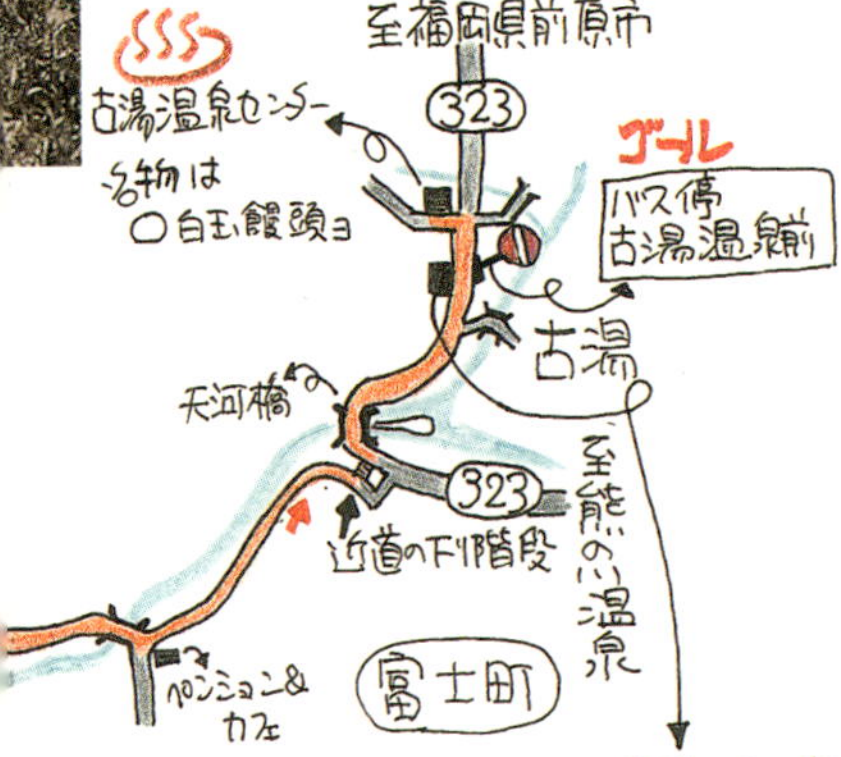

古湯温泉の酒屋さん。暮れて、看板代わりに軒下の裸電球が小さな商いの案内役。

天山上宮駐車場➡30分➡天山頂上➡120分➡七曲峠➡60分➡葛尾入口バス停➡100分➡古湯温泉前バス停＝およそ13キロ

サルトリイバラの実

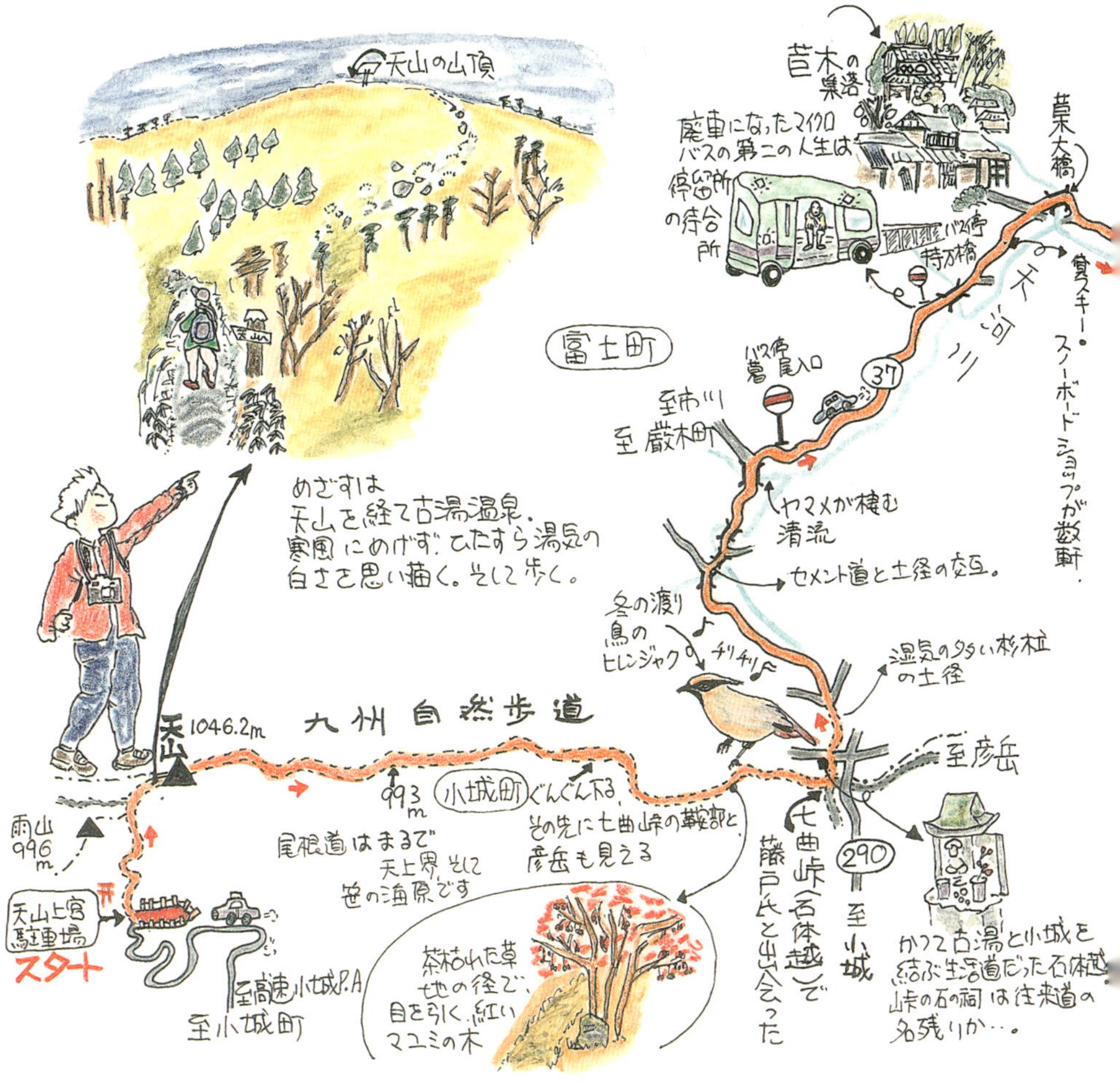

天山の山頂
富士町
苣木の集落
廃車になったマイクロバスの第二の人生は停留所の待合所
菜大橋
バス停 持方橋
貸スキー・スノーボードショップが数軒.
天河川
バス停 葛尾入口
37
至市川
至厳木町
ヤマメが棲む清流
セメント道と土径の交互。
冬の渡り鳥のヒレンジャク
チリチリ
湿気の多い杉林の土径
至彦岳
めざすは
天山を経て古湯温泉.
寒風にめげず.ひたすら湯気の
白さを思い描く。そして歩く。
九州自然歩道
天山 1046.2m
993m
小城町
ぐんぐん下る.
その先に七曲峠の鞍部と.
彦岳も見える
雨山 996m
尾根道はまるで
天上界 そして
笹の海原です
天山上宮駐車場
スタート
至高速小城P.A
至小城町
茶枯れた草地の径で.
目を引く.紅い
マユミの木
七曲峠(石体越)で藤戸氏と出会った
290
至小城
かつて古湯と小城を
結ぶ生活道だった石体越.
峠の石の祠は往来道の
名残りか…。

七曲峠でまるで仙人のような藤戸さんに出会った

障害物が何もないので眼下には佐賀平野、有明海、遠く雲仙、九重、阿蘇の噴煙まで。北も脊振山系の向こうに玄界灘がかすんで見えるという絶景。この日のように太陽が昇って気温が上がれば、見事な雲の海になる。これだけ見晴らしがいいので、もちろん初日の出を拝みに来る人も多いとか。たとえ元旦の夜明けでなくても、太陽に向かって自らの開運を祈願したい。すがすがしい冬の陽光を全身に浴びて、力がみなぎってくるような気がするから不思議なものだ。

鞍部から古湯までは九州自然歩道。わかりやすい案内版が要所要所に立っていて、終点まで導いてくれる。まず東に続く彦岳への縦走路は七曲峠まで緩やかな下り。冬でも緑の松と竹の借景は、名前とともに天山のおめでたさをいや増している。大部分は視界が開けた尾根径で、最後だけ雑木林の中。天山から峠までは三・六キロ、ここから古湯までは七・三キロと、カタツムリマークの杭に書いてある。笹の海のちょっと広くなった辻で藤戸兼寿さんに出くわした。日課のように佐賀の山を歩き回っているという。

「この前の冬は天山も三度大雪が降ったですもんね。吹きさらしだからほんと凍えてしまいますよ。しっかり着込んで来な」と達人の助言。続けて教えてくれた、この山に住むキジ、ヤマドリ、アオバト、冬の渡り鳥のヒレンジャクの話は魅惑的だった。

すぐ下で一度、車道を横切って、再び土径へ、棚田が見え始めるとやがて舗装道路が取って代わる。二度ほど三択を迫られ、なんとか迷わずに橋を渡って市川と古湯を結ぶ県道37号線に出る。右手すぐに葛尾《くずのお》入口のバス停。歩き疲れたら本数は少ないけれどもここで下りのバスを待つ。まだ元気なら天河《あまご》川沿いにおよそ五キロで古湯。途中に村は苣木《ちゃのき》だけだが、立派な道路が天山スキー場に

振り返るともうこんなに天山を離れていた

所どころに段々畑が現れて里が近いことを教えてくれる

つながっている。まだ雪は降っていないので車は少なく、所どころにスキー用品のレンタル店が派手に構える。

　おとなの遠足は気の合った少人数で出かけるのがいちばん。人数があまり多いとペースがつくりにくく、自分勝手に止まって写真やスケッチをするわけにもいかない。当日の天気で中止したり、日を替えたりの連絡も大変。道中歩きながら交わす会話も端まで届かないし、行った先の土地の人も声をかけにくい。相方は友達だったり、夫婦だったり、親子だったり、仕事仲間だったり、いろんな組み合わせの方がそれぞれに知識と経験を積んでいるので遠足の楽しみの幅が広がる。適当な仲間が見つからなければ最初はアウトドアショップやユースホステル協会が主催するウオーキングに連れて行ってもらう。また西鉄レッツハイクやJR九州ウオーキングもあるし、もっとテーマを限定して植物友の会の野歩き、日本野鳥の会の探鳥会、福岡山の会の登山に、会員になって参加するのもおもしろそうだ。

　持万《もちまん》橋というバス停でおもしろいものを見つけた。用済みになったマイクロバスが横づけにされて待合室になっている。オンボロ座席だけれども一応はクッションつき、雨露もしのげてなかなか快適。車の第二の人生としてはうってつけかもしれない。

　苣木大橋で川が左手に移動し、岩場になったと思ったら水が濁ってきて緑っぽい白になった。ひょっとすると温泉の色。なるほどカーブを曲がったら下に温泉ホテルの建物が見え始めた。近道の階段を下って天河橋を渡ったら古湯温泉街。ここはあの徐福が見つけた湯だそうな。こんな山奥でまた徐福伝説に行き合うとは。位置からいえば金立山の裏になるのか。名物の白玉饅頭を買おうと探したけれど、夜が早くてもう店じまい。

　せっかく肥前の名湯、古湯まで来たのだから、温泉に浸かりたい。町の北側に地元の人も利用する温泉センターがある。午後五時までは二百五十円、以降は二百円と街中の銭湯より安い。帰りの佐賀行きのバスの時間と相談しながら、湯舟でゆっくり筋肉のこりをほぐす。

32 納所《のうさ》　佐賀県東松浦郡肥前町

下って上って岬と入江の初春をつなぐ

一月上旬

肥前町ほど野歩きにうってつけの土地はない。入り江ごとに小さな漁村が肩を寄せ合い、棚田が海に向かって折り重なる。春先には草原に野の花が咲き乱れ、人々の暮らしはのどかそのもの。海と岬の変化に富んだ風景を楽しみながら、細道を上っては下り、上っては下りで知らないうちにかなりの運動量を稼ぐ。というわけで、風のないおだやかな冬の日の遠足に、温かい黒潮がわずかながらもぬくもりを運んでくる肥前町を選ぶ。一日中、ポカポカ陽気を一身に浴びて、太陽のエネルギーをしっかり吸収したい。

唐津大手口から昭和バスで五十分。入野でバスを降りて星賀《ほしか》方向にほんの少し進み、右手に小学校を見て、最初の脇道を左に入る。やがてパッと眼前が開けると、日比《ひび》水道と名づけられた海の向こうに鷹島が

星賀の戎

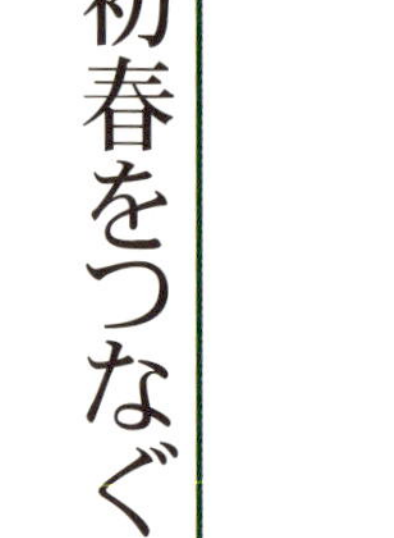

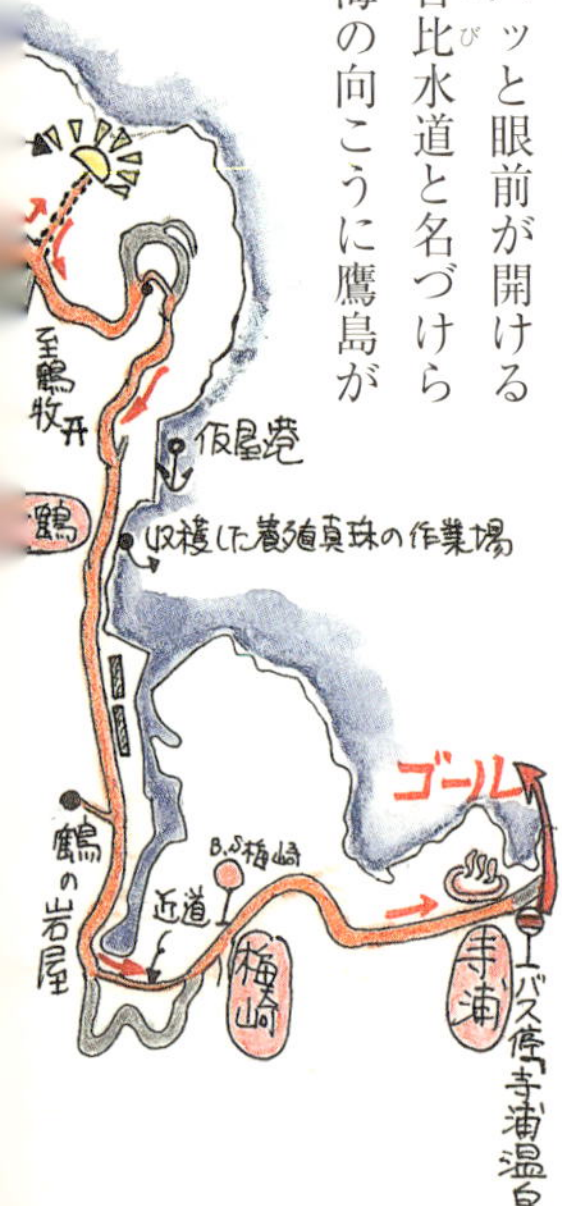

■右 ── 日比水道を見下ろして犬頭の棚田の中を歩く
■左 ── 120体の仏が彫られた鶴の岩屋

入野バス停➡30分➡晴気➡40分➡犬頭➡70分➡星賀➡60分➡駄竹➡30分➡納所➡20分➡通山➡60分➡大鶴➡60分➡梅崎➡30分➡寺浦温泉バス停＝およそ20キロ

入野から下る坂，これこそまさに
ヘアピンカーブ

横たわる。坂の上の学校に急ぐ小学生たちに出会った。すれ違いざま、「おはようございまあす」と三人三様に元気のいい声。弾んだ声を聞くと、一日の遠足がうきうきしたものになるからおもしろい。

細道はヘアピンカーブで何度も曲がる。谷間に落ちて行く道に沿って棚田が波紋をつくっている。犬の遠吠えが聞こえてきたと思ったら、晴気《はりぎ》の集落が見えた。どん詰まりの堤防の前に、正月飾りをしてもらった戎《えびす》さん。前にはドンと一升酒、釣りざおにはまだ活きて跳ねるタイが二尾ぶら下がっていた。さすが、晴気の漁師は気前がいい。昔から信仰心が篤い土地柄の肥前町は、あちこちに小さな石仏が安置されて、その豊かな顔立ちもさることながら、お供えや彩色化粧にも祀りを引き継ぐ地元の心根が読み取れそうだ。

漁港を堤防に沿って右に回る。牛島を行き過ぎるとポツンと立った廃屋。棚田の中を上って行く右手の二本の簡易舗装道路は、どちらも犬頭の集落をかすめて県道217号線へ通じている。県道は鷹島や向島行きのフェリーが発着する星賀港につながるだけに交通量は多い。だがその分、横につけられている歩道も広いので、車に脅かされることはない。

松山バス停からフェリー乗り場の案内板に従って左に下って近道。星賀には海側から入った。地元の人に案内され、昔のメーンストリートを山手に上がる。緑や青で彩色された木造の古い家々が軒を並べて出迎えてくれた。二階は全面が窓になっていて道の方にせり出し、細かい細工のガラス戸が印象的だ。玄関の戸の上に棘のある白い巻き貝をぶら下げている家が何軒かあった。リースというわけでもあるまいから、何かのおまじないだろうか。

県道をいったん横切り、路地でつないで725号線に出る。桜並木の下をくぐると再び入江。駄竹《だちく》漁港まで延々と低い堤防が続いている。子供の頃を思い出して、細い堤防の上を伝ってみるのも冒険。海面を渡ってくる少

波静かな仮屋湾に浮かぶハマチの養殖棚

真珠の養殖が盛んな大鶴の漁師町

し肌を刺すような潮風が気持ちいい。漁村の路地を登ると、納所の小さな盆地にたどり着く。ここは朝乗ったバスの折り返し地点。時間があって快晴なら、日比水道が見晴らせる遠見岳に行きたいところだが、往復で一時間はかかってしまう。

家並みを抜けて酒屋の角を左に曲がる。次の家並みのはずれの小さなため池を目印に右へ。ここからは緩やかにうねる畑の中の一本道。向こう側の絶壁を寒風が吹き上げるのだろうか、背の高い防風林や竹垣がちょっと風変わりな田園風景を繰り広げる。

大きくカーブして下りにかかると、突然、目の前が海に置き変わった。青くおだやかな入江に養殖棚が筋となり、椀を伏せたような竹ノ子島がいくつも浮かぶ。対岸に寺浦温泉の白い建物。島影の移り変わりを楽しみながら一気に大鶴へ。水がきれいな仮屋湾は真珠養殖も盛んで、大鶴ではちょうどアコヤガイの貝柱を取る作業で大わらわ。声をかけて作業が進む舟に乗せてもらう。

「アコヤガイの貝柱は魚屋さんじゃ売ってないけれど、これが貝柱の中ではいちばんうまい」とのこと。舟の上で廃材を燃やして暖をとりながら、家族ぐるみで冷たい水仕事が続く。記念に内側が真珠と同じ虹色をしたアコヤガイの貝殻を二枚いただく。

細長い入江の奥、山側の急な坂を上った鶴の岩屋には、洞窟の内部に彫られた座像の仏様が段になっている。朱や黒の鮮やかな彩色が施されていたようで、今でもその面影が残っている。そこから先、梅崎までの上りは棚田の中の近道を見つけよう。最後の岬を上ってしまえば、海縁の寺浦までは緩やかな下りだ。

もし時間が残ればバス停前の寺浦温泉に浸かっていこう。ここは旅館で入浴のみだと五百円。肥前町のリーフレットに「九州で二番目にわかりづらく、説明しづらく、さびれた温泉」と紹介されていて笑ってしまう。泉質はナトリウム炭酸水素塩泉。一日二〇キロの行軍はかなりのものだから、疲れは温泉で洗い流したい。

33 水城　福岡県大野城市－太宰府市

寒風を遮る水城の日だまりで梅見

一月下旬

寒い時期はあまり無理しないで、陽だまりの中をのんびり歩きたい。それに花見のおまけがつけば、歩き甲斐もあろうというもの。水城から都府楼を経て太宰府まで、奈良、平安の歴史の道を歩く。道すがらレモンイエローに透き通ったロウバイ、白、赤、ピンクの梅、薄紫のホトケノザ、水色のイヌノフグリと、春を呼ぶ小さな花々が出迎える。

せっかく水城を選んだのだから、そのまま駅名になったJRの水城駅を利用したい。駅舎を出て右手を見ると、すぐ土塁の断面が立ちはだかる。唐と新羅の攻撃に備え

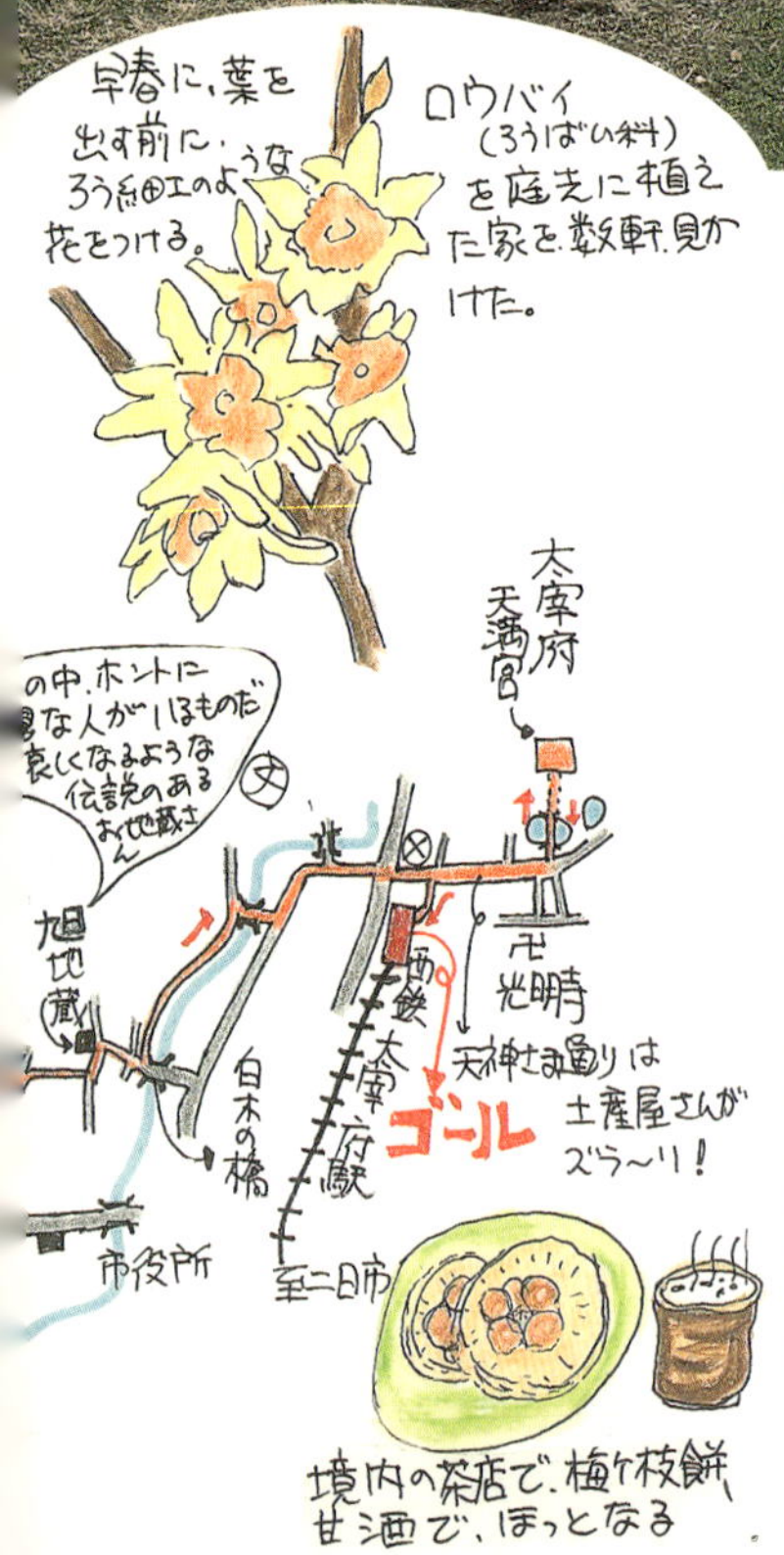

早春に、葉を出す前に、ろう細工のような花をつける。
ロウバイ（ろうばい科）を庭先に植えた家を数軒見かけた。
太宰府天満宮
旭地蔵
光明寺
天神さま通りは土産屋さんがズラ〜リ！
ゴール
西鉄太宰府駅
市役所
至二日市
境内の茶店で、梅ケ枝餅、甘酒で、ほっとなる

飛び梅

■右 ── 東の太宰府市側の水城
■左 ── 西の大野城市側の水城。東と西は九州自動車道，西鉄電車，国道３号線で断ち切られる

ＪＲ水城駅➡20分➡東門礎石➡30分➡文化ふれあい館➡20分➡観世音寺➡20分➡太宰府天満宮➡10分➡西鉄太宰府駅＝およそ7.5キロ

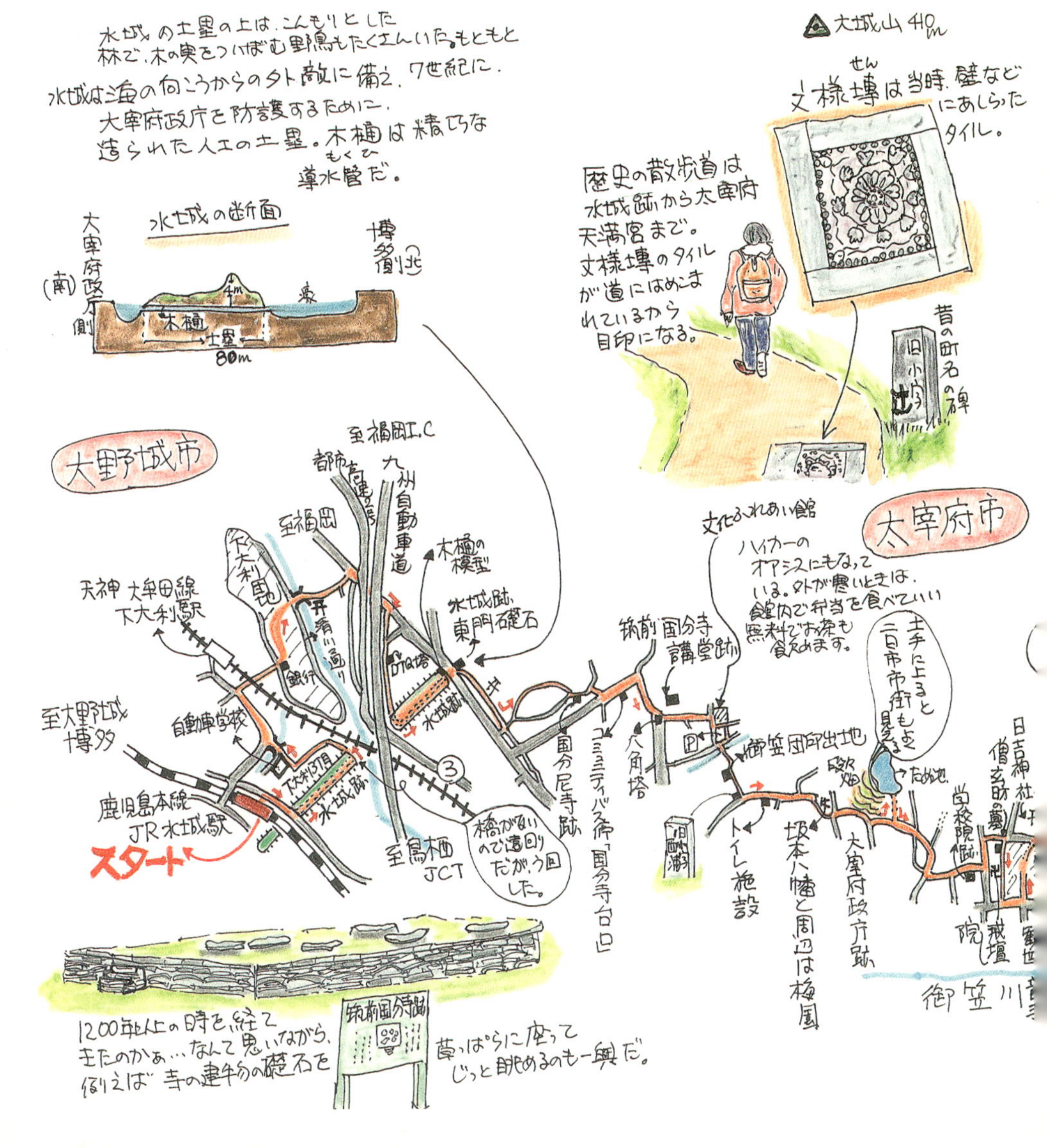

水城の土塁の上は、こんもりとした林で、木の実をついばむ野鳥もたくさんいた。もともと
水城は海の向こうからの外敵に備え、7世紀に、大宰府政庁を防護するために造られた人工の土塁。木樋《もくひ》は精巧な導水管だ。
水城の断面
大宰府政庁側(南)
博多側(北)
4m
濠
木樋
土塁
80m
大城山 410m
文様塼《せん》は当時、壁などにあしらったタイル。
歴史の散歩道は水城跡から太宰府天満宮まで。文様塼のタイルが道にはめこまれているから目印になる。
昔の町名の碑
大野城市
太宰府市
至福岡I.C
都市高速2号
九州自動車道
至福岡
下大利団地
天神大牟田線 下大利駅
銀行
至大野城 博多
自動車学校
鹿児島本線
JR水城駅
スタート
下大利1丁目
水城跡
木樋の模型
水城跡、東門礎石
至鳥栖JCT
橋がないので遠回りだが、う回した。
文化ふれあい館
ハイカーのオアシスにもなっている。外が寒いときは、館内で弁当を食べていい。無料でお茶も飲めます。
筑前国分寺講堂跡
国分尼寺跡
コミュニティバス停「国分寺台口」
御笠団印出土地
トイレ施設
坂本八幡と周辺は梅園
大宰府政庁跡
土手に上ると二日市市街も見えるよ
学校院跡
日吉神社
僧玄昉の墓
戒壇院
御笠川
1200年以上の時を経てきたのかぁ…なんて思いながら、例えば寺の建物の礎石を草っぱらに座ってじっと眺めるのも一興だ。
筑前国分寺跡

線路と道路に切断された水城の断面

て、六六四年に築かれたという巨大な防衛施設だ。

その規模は全長一・二キロ、基底部の幅八〇メートル、高さ一〇メートル。水の城というぐらいだから、当時は北側に幅六〇メートル、深さ四メートルの満々と水をたたえた濠があったそうだ。切断面だからその規模が一目瞭然。人力でこんな大量の土をどうやって運んだのか。そもそも、ここにこんな堤防を造ろうと考えた万葉人の発想に驚かされる。

幅広の段になった南側へよじ登る。陽当たりがよくて大木の間を飛び回る小鳥のさえずりも清々しい。北側にもう一段高くなった土塁があるので、冷たい風が遮られた土手径は陽だまりになってずいぶんと暖かい。しばらく進むと西鉄電車の線路と高速道路と国道の三本が交差して寸断される。続きは目の前だけれども、渡る道がないので西鉄の下大利駅付近までかなり遠回りしなければならない。

距離が短くて余裕のある遠足は、手ぶらよりも、できればカメラ片手に出かけたい。ポカポカと暖かそうな冬の陽だまり、星くずようなイヌノフグリの群生、奈良の水城と平成の高速道路の落差、探せば撮れるものはいくらでもある。まず、何を撮りたいかでカメラの大きさを決める。思い出の記録づくりならコンパクトカメラで十分。花木、虫、人、風景と被写体は無尽蔵だから、一眼レフで本格的な作品づくりもいい。遠足するのはほとんどが天気のいい野外だから、フィルムはできるだけ感度の低いもの、たとえばＩＳＯ４００よりも１００を使いたい。低ければ低いほど画質のきめが細かくて、山や木などの輪郭がシャープになる。

駅手前から下大利団地の中を横断し、都市高速と九州自動車道のガードをくぐる。大回りして再び水城によじ登り、ここも南側の土径を行く。さっきは公園のようだったが、こちらには所どころに小さな畑。まだつぼみの梅園を抜けて車道を渡ると、東門礎石の前に出る。そこから右に折れて国分尼寺跡を

大宰府政庁跡付近は歴史の散歩道としてよく整備されている

「魔が去る。厄が去る」と大道芸の中でも猿回しは人気

目指す。続いて国分寺講堂跡を過ぎると、文化ふれあい館の大きな建物。戸外で弁当を開くのはまだ寒いので、ホールを借りて食べれば時間的にちょうどいい。

ここから先、終点の太宰府までは「歴史の散歩道」が導いてくれるので迷う心配がない。もともとは道全体が赤茶色に彩色されていたらしいが、行き交う車のタイヤで磨り減って、色が落ちてわかりづらい。目印は道に埋め込まれた古代風のタイル。一つのタイルにたどり着いたら、そこから次のタイルがかろうじて見えるぐらいの間隔で埋め込まれている。

この歴史の散歩道はウオーキングシューズをはき、小さなリュックを背負って歩く中高年が結構多い。道は閑静な住宅地を抜け、緑の裏路地でつなぎ、緩やかな坂も含まれ、小川をさかのぼり、歴史の舞台になった観光スポットも何カ所か訪れる。変化に富んでいて、立ち止まって休憩する場所もちゃんと確保されている。福岡都市圏から近く、交通の便もいい。距離にしても疲れるほどはないけれど、運動量は十分。夫婦二人連れだったり、年配女性のグループだったり、人気のウオーキングコースのようだ。

道沿いには歴史を説明した案内板がポイントごとに設置され、時代感覚が次第に万葉の昔にタイムスリップしていくようだ。大宰府政庁跡の北をかすめ、戒壇院に裏から入って正面に抜け、表参道の並木の下をくぐって観世音寺。裏道に戻って山の辺を御笠川へ。西岸は交通量の多い車道だけれども、東岸の土手に歩道がある。

駐車場横から天満宮参道に入る。受験シーズンと梅見客とでかなりの人出。境内には大道芸人の呼び込みで人垣ができている。主役はかわいいお猿の嵐山一平君。一輪車乗りや輪くぐりを器用にこなし、取り囲んだ老若男女の観客から大きな拍手がわく。

名だたる天神さまの飛び梅はすでに満開、広大な梅園もボチボチほころんでいる。ここまで来れば、やはり茶店に座って梅ヶ枝餅と甘酒で締め括りたい。まだ時間が残れば光明禅寺に立ち寄って、心を静めてくれる庭を拝観するのもいい。

春の兆しを求めて萌揺月

34 辺春《へばる》　福岡県八女郡立花町

二月中旬

「どこへ萌揺月《きさらき》といわれる春の兆しを探しに行こうか」と壁に張った巨大地図を眺めていたら、「吹春」という地名が目に飛び込んできた。「春の風が吹き始める所なんだ」と興味引かれて周囲を探すと、「辺春」つまり春のあたりと展開する。「ここに春行かなくて、いつ行く」と即決定。歩いて楽しい道を立花町役場に問い合わせる。眼鏡橋が五つ、若草色のタケノコ林、松尾弁財天の風流はもう少し遅くて四月五日、ここまで行くなら大道谷の里の山菜料理だってもう一度食べたい。やっぱり春の土地柄だ。

久留米から国道3号線を山鹿《やまが》に向かうバスに乗る。八女市街地を出るとやがて山間。眼鏡橋の在りかを黒岩と小原の中間と聞いたので、どちらで降りようかと迷っていたら小春というバス停。再び春に引かれて、慌てて降りた。地図では小原だが、停留所は小春、つまり音はどちらもコハル。3号線をほんの少し南に進んで、右手の路地を下ったら黒岩の眼鏡橋の上。透明なせせらぎの中に、群れになったセリがそよいでいる。

来た道をとって返して左手のこはる橋を渡り、長瀬の

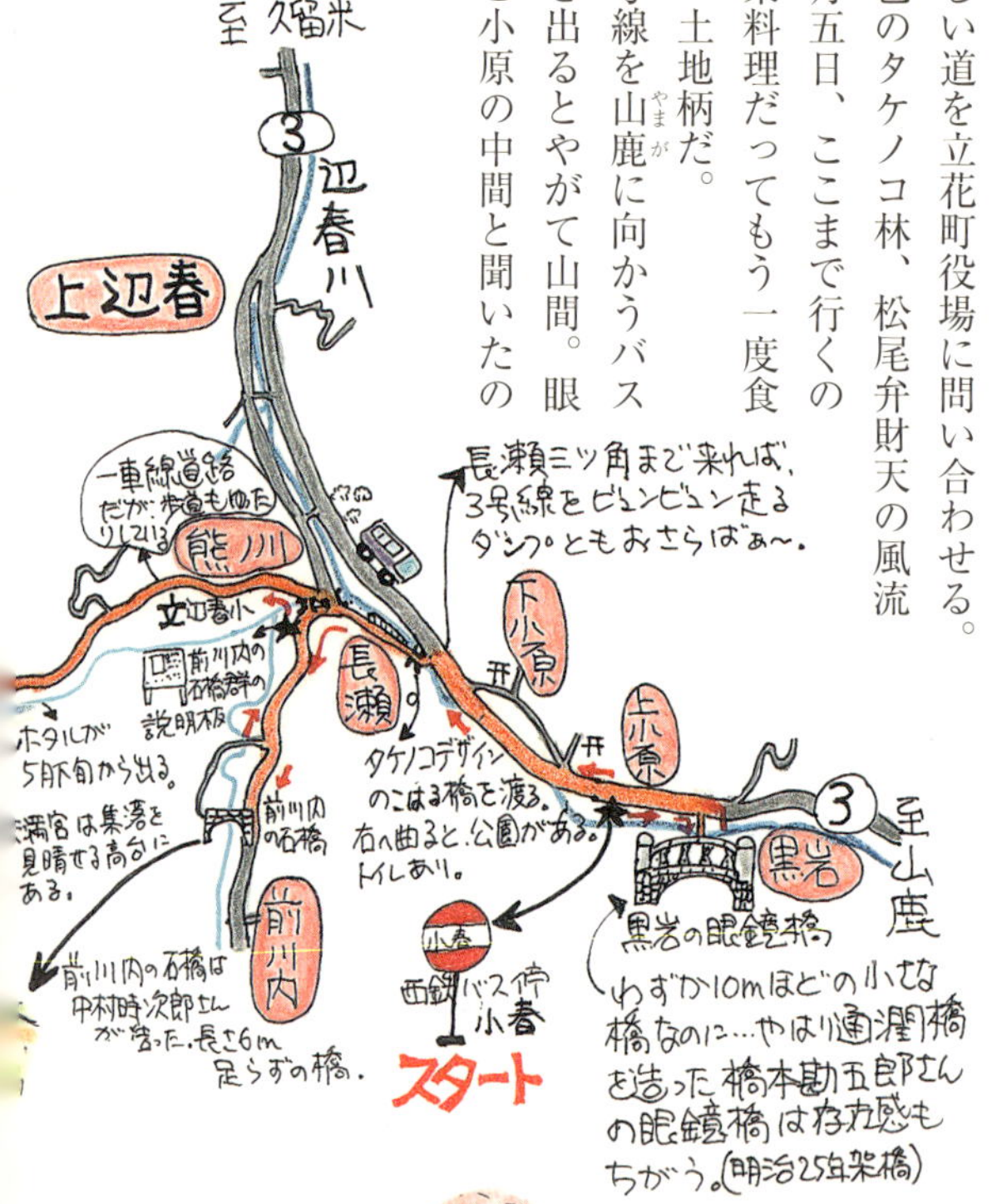

猫に春

御牧山から長畑にかけて根気よく耕した段々畑の光景は感動的

小春バス停➡40分➡前川内➡40分➡江後➡60分➡松尾➡10分➡松尾弁財天➡60分➡鹿伏➡10分➡桐葉バス停＝およそ11キロ

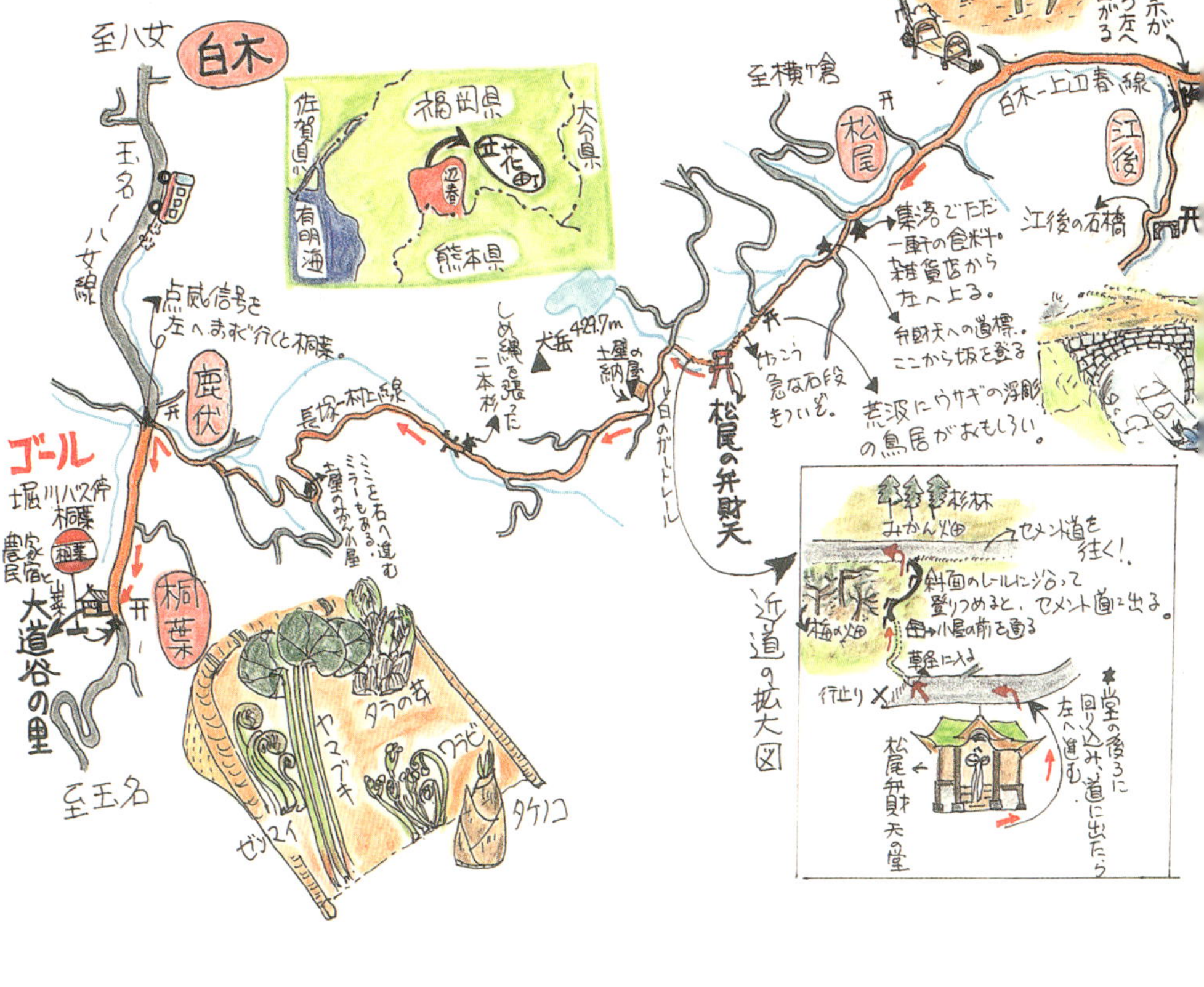

車が飛ばす国道３号線から一筋外れると，黒岩眼鏡橋が昔の往来に引き戻す

集落を抜ける。次の小さな橋を一回、横の小さな橋をもう一度渡って逆U字に前川内へさかのぼる。五〇〇メートルほどで二つ目の眼鏡橋。上は平らな土径で、下が円周型に石を組んであるだけだから見落とさないように。この一・五キロ上流にも二つあるはずだが、往復三キロの道のりは少し遠いので、昔のままの原形を留めるこの橋だけで引き返す。

松尾川に戻って小学校を行き過ぎると家が途切れ、電信柱の江後区への表示に従って支流に入る。熊本との峠に至る最後の集落らしいたたずまい。田んぼの端の小川に小さな眼鏡橋が架かっていた。枝を垂れた柿の木、のどかな猫のなき声、土壁の納屋、急な神社への石段、絵に描いたような懐かしい田舎が繰り広げられる。

再び県道白木上辺春線に戻って松尾を目指す。このあたりからモウソウチクが増え始める。といっても原野の密生した竹林とは異なり、地表まで陽の光がしっかり差し込むように手入れが行き届いたタケノコ畑。その間を短い春の陽光を惜しんで、おいしいタケノコを収穫するための大切な作業が進む。

「辺春のタケノコはアクが少なくておいしいよ。弁財天の風流のお祭においで。タケノコ料理を作ってお接待に出るから」と山田文香さんが誘う。

近在はむろん、遠く柳川や瀬高あたりまで信仰を集める弁財天なので、あちこちに立てられた旗や案内板に従えば道に迷うことはない。明るい茶色の土壁と黒い瓦屋根が昔懐かしい松尾の集落を抜けて左に曲がる。最後に長い長い石段を上ると社が二つ。境内から眼下の谷に今さっき通り抜けたばかりの家並みが肩を寄せ合う。幾重にも山が折り重なるはるかな景色を楽しみながら、ここで弁当を開きたい。

ちょっと唐突だけど参考のために、遠足用リュックの中身を紹介しておこう。

一群は遠足の七つ道具。資料のコピー、現地の二万五千分の一の地形図、ノート、色鉛筆（地図上に歩いた道筋を描く）、ボールペン（記録用。水性ペンは雨で流れる）、磁石、タイマー。

眼鏡橋の隣に神社の上がり段，ここが江後の集落の中心

辺春のおいしいタケノコのことを山田さんから聞く

二群は食料関連。パン、カマンベールチーズ、ジャム、ウインナー、挽いたコーヒー、キャラメルかチョコレート、果物、水筒。簡易ガスバーナー、ライター、コッフェル、保温コップ、スプリング式ドリッパー、フィルター。万能ナイフ、ゴミ用ビニール袋。

三群は補助具および薬。軍手、ロープ、大型ビニール袋（頭と手を出す穴をあけてとっさの防寒具や雨具にする）、タオル、ティッシュ。酔止め薬、消毒用イソジン、切り傷用軟膏、バファリン、リバテープ。

昼食をおむすび弁当にしたり、魔法瓶に熱い茶を持っていったり、人それぞれの好みでアレンジは自由。よく出かける人は、毎回考えるのは面倒だから自分の必需品をリストアップしておいて、それを見ながらチェックすれば忘れ物がない。

午後の歩き始めは社殿の裏。左に行った広場の脇に細い土径が上っている。作業小屋の先からトロッコレールに従って、梅林をがむしゃらによじ登ると、ひょっこりセメント道に出る。これが町道長塚村上線、左手にとってやがて峠。犬岳の南を大きく回る巨大な杉林の下陰を歩いて鹿伏《かぶせ》に下ることになる。

途中、隣あわせの大きな杉をつないでしめ飾りをし、まわりに縄張りがしてあった。後ろに社があるわけでもないし、その杉自体がご神体で、きっとこのへんの山の神様なのだろう。神様を目にして神妙な気持ちになっていたら、突然、杉林が途切れて白日の陽光の中に踊り出た。目の前に山すそを広げる御牧山が現れた時はうれしくなる。すり鉢状の斜面を小さく区切って、ミカンやキウイなどの果樹園が果てしなく続く。

鹿伏へ下ったら主要地方道玉名八女線を南へ、右手の一軒目が大道谷の里だ。農業を営む中島健介さんと加代さん夫婦が、「山間の生活の良さや楽しさを体験してもらいたい」とつくった農家民宿。予約すればタケノコ掘りや山菜摘みにも連れて行ってくれる。もちろん、加代さん自慢の山の幸をふんだんに使った料理はいつ食べても旬の味だ。

35

碁盤の路地を迷って阿弥陀くじ

柳川　福岡県山門郡三橋町－柳川市

二月下旬

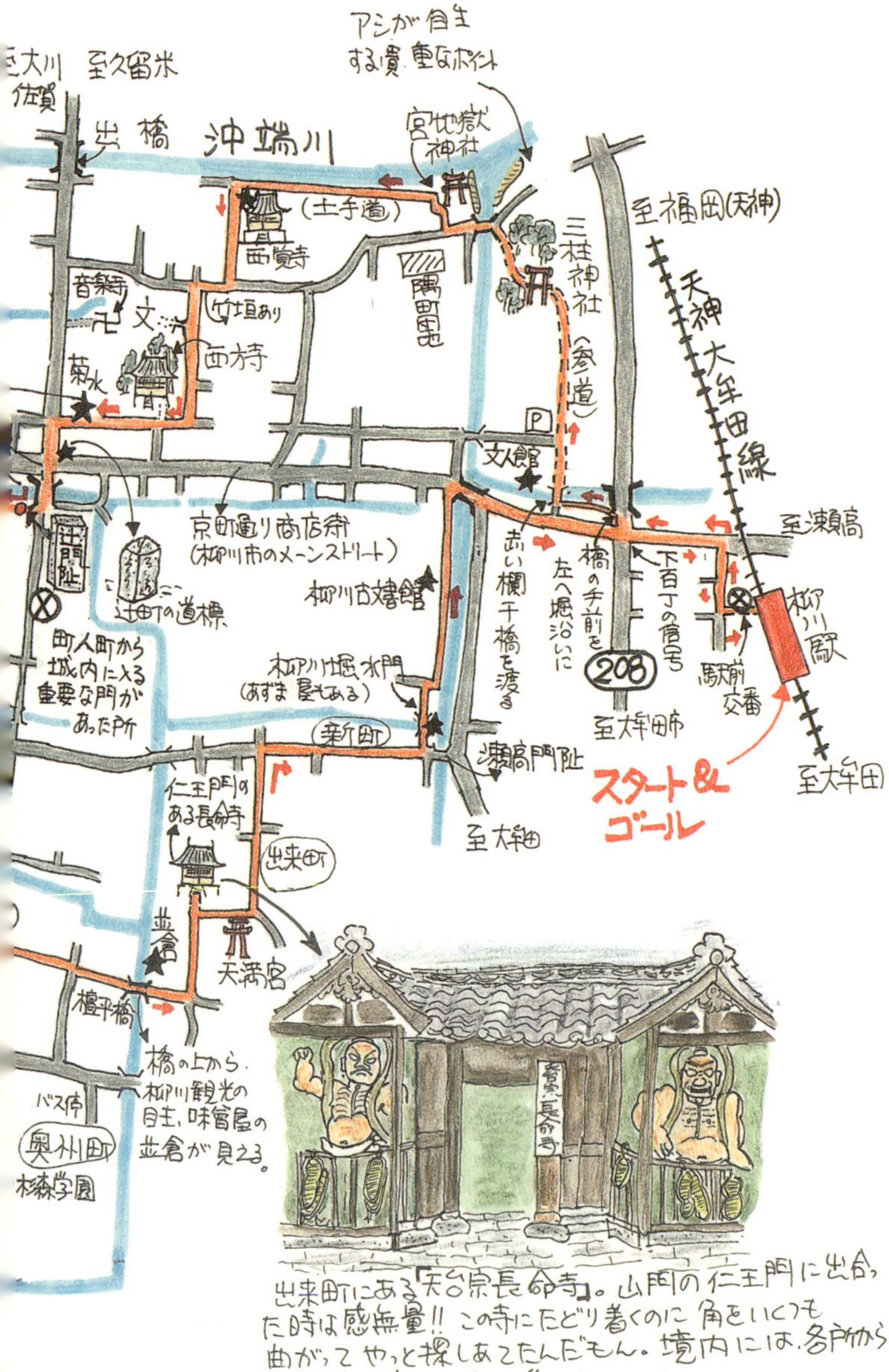

出来町にある「天台宗長命寺」。山門の仁王門に出合った時は感無量!! この寺にたどり着くのに角をいくつも曲がってやっと探しあてたんだもん。境内には、各所から六地蔵、道祖神も集められている。

雛祭のさげもん

あちこちに疎水が流れ、路地が入り組む柳川の町並み（西覚寺付近）

時折吹いてくるやさしい微風が梅の香りを運んできたり、陽だまりがポカポカ暖かかったり、ほんの少し雛節句を先取りするために水郷の町、柳川へ出かけてみよう。ただし、どんこ船での川下りはご年配に任せ、自称若者は水路沿いをてくてく歩く。ついでに名物のうなぎのせいろ蒸しを食べれば、身を縮めていた冬なんか一気に吹

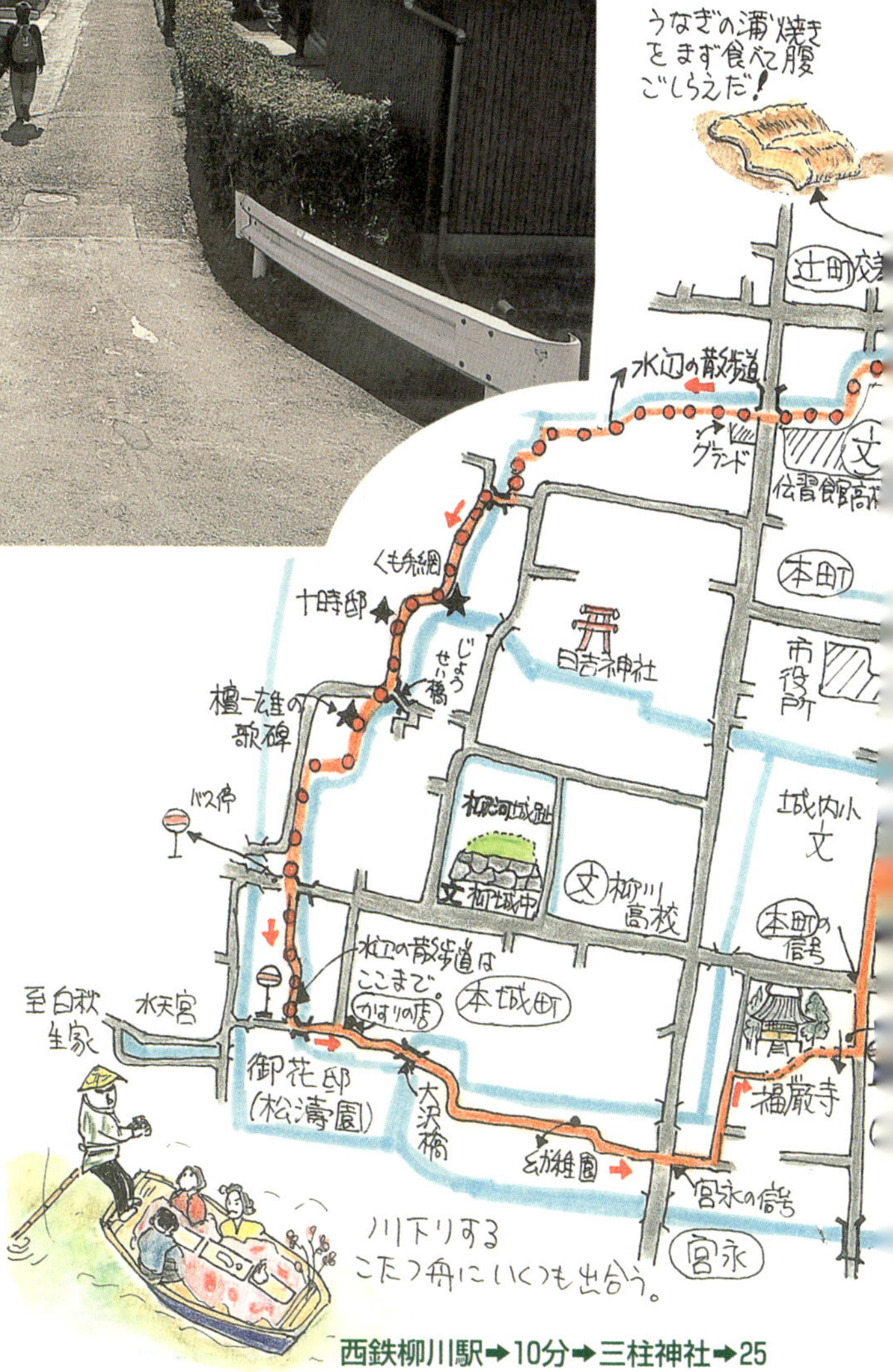

西鉄柳川駅➡10分➡三柱神社➡25分➡伝習館高校➡30分➡御花邸➡15分➡福厳寺➡15分➡長命寺➡20分➡西鉄柳川駅＝およそ6キロ

水路を上って行くこたつ舟に追い越される

き飛ばしてくれそうだ。

行程が短いので朝はゆっくり、西鉄柳川駅を十一時頃までに出発したい。体慣らしに少し歩いて、ウナギを食べながら休憩、食後は三時間ぐらい歩く胸算用。町中だから道が何本も枝分かれしているので迷わないように、方向を見失わないようにすることが肝心。地元の誰もがよく知っている建物を目標に定め、時々、道行く人に尋ねながら進めば安心だ。

たとえば三柱神社、西覚寺、伝習館、御花、福厳寺、長命寺、新町の水門がオリエンテーリングのキーポイント。柳川は平和な時代の城下町なので、道がだいたい碁盤の目状に通っている。到達する方法は何本もあるわけだから、途中で少々回り道しても気にしない。目的は歩くことなのだから、おおらかな気持ちで迷い道もついでに楽しんでしまう。

駅前広場を出て大通りを横断して、まず三柱神社を目指す。赤い欄干の太鼓橋の向こうに、川下りの船着き場がある。その横は昔、大きな旅館だった所を文人館として開放、水郷を愛した文人たちの足跡を留める記念品を展示する。松並木に導かれ、広い境内奥の右手、水路から舟で入る東門は柳川ならでは。大理石の鳥居といい、日光東照宮や厳島神社を模した社殿の造りは堂々としたもの。左手裏に突き抜けて宮地獄神社の横から、ヨシが茂る沖端川の堤防を兼ねた土手道に出る。

屋根を戴き、白壁の下に板を張った西覚寺の立派な塀を目印に左に折れる。このあたりは閑静な住宅地区で、黒い瓦に日が映えて、昔の城下町を彷彿とさせる。T字路で二回右に曲がって西方寺、そのまま進むと右手にウナギと郷土料理の店、菊水。

うなぎのせいろ蒸しは、肝吸いつきでだいたい千八百円ぐらい。せっかく柳川に来たのだから、ちょっと贅沢してみたい。柳川では組みあげた蒸し器の中に、木枠のがけにみすを敷いたせいろを入れ、うなぎのたれをまぶしたご飯を蒸す。蒸し上がった時点で、熱々のうなぎの蒲焼きをのせ、その上に錦糸玉子を散らして出す。うなぎは肉厚、

福厳寺の複雑に重なりあう屋根

昔は道の辻々に見かけた六地蔵

身は適当に柔らか。三月までは座敷に古い雛人形や色とりどりの柳川鞠や干支、唐子をつないだ「さげもん」が飾られ、昔ながらの雛節句をしのばせる。

辻町の伝習館高校横から本城町の御花邸前までは、歩行者のために水辺の散歩道が設けられている。この道は少し先の沖端の酒屋の息子だった北原白秋が伝習館に通った通学路でもあるそうな。道すがら立花藩の重役たちの家が堀端に建っていたり、有明地方独特のくもで網が仕掛けられていたり、檀一雄の歌碑を読んだり、どんこ舟がくぐって通る橋を渡ったり、船頭さんの柳川を紹介する美声が洩れ聞こえたりと、なかなか忙しく、いつの間にか歩き終わる。

御花からは一般道の裏路地を歩きつないで福厳寺へ。墓所になった裏から境内に入り、まず長谷健や檀一雄の墓に参る。ここはもともと柳川藩主の菩提寺だから規模が大きい。点在する堂内の持国天、多聞天、聖観音などもありのままの姿。また、墓所そばと門近くに六地蔵、重なる甍《いらか》、楼門の透かし彫りも陽に映えて見事だ。正門前の大通りを北上し、左に城内小学校の校門を見て右に折れる。檀平橋から柳川観光のトレードマークになっている老舗の味噌屋の並倉を望む。

次に訪ねる長命寺の山門では五等身のおっかない顔の仁王さんが左右を守る。目をひんむき、口をカッと開き、拳《こぶし》を挙げ、肋骨が浮き出るほどに緊張している。なぜか手前の手すりには巨大な草鞋《わらじ》がぶら下がる。突然襲いかかられないように、「悪いことは何もしません」と心で念じながら真ん中をすり抜ける。境内には元来は道の辻や墓所の入口などに安置されていただろう六地蔵や石仏が寄せ集められていた。

柳川堀水門を経て二ツ川沿いに柳川古文書館の前を通り柳川橋まで上る。右に折れると西鉄柳川駅は近い。

遠足する時は朝早く起きるし、一日しっかり運動して帰りの乗り物に乗ると、暖房のせいですぐうたた寝をしてしまう。そこで必携品に、小さなタイマーを加えることをすすめたい。到着の三分ぐらい前にセットして首から掛け、眠たい時にはぐっすり眠る。タイマーの使い方に慣れれば、朝の乗り物の時間も睡眠不足解消に十分役立てることができそうだ。

■寄り道
古湯温泉センター☎0952-58-2135
■現地問い合せ先
小城町役場☎0952-73-2111，富士町役場商工観光係☎0952-58-2111

32．**納所**【高串】
■現地までの交通手段
行き▶市営地下鉄＋ＪＲ筑肥線 天神駅→唐津駅，昭和バス☎0955-74-1121 唐津大手口→入野
帰り▶昭和バス寺浦温泉→唐津大手口，ＪＲ筑肥線＋市営地下鉄☎0955-72-5801 唐津駅→天神駅
■寄り道
旅館寺浦温泉☎0955-54-1126
■現地問い合せ先
肥前町役場企画観光課☎0955-54-1111

33．**水城**【福岡南部，太宰府】
■現地までの交通手段
行き▶ＪＲ鹿児島本線博多駅→水城駅
帰り▶西鉄電車太宰府駅→二日駅乗換→福岡（天神）駅
■寄り道
戒壇院，観世音寺，太宰府天満宮，光明寺
■現地問い合せ先
大野城市役所☎092-501-2211，太宰府市役所☎092-921-2121

34．**辺春**【高井川，野町】
■現地までの交通手段
行き▶西鉄電車天神大牟田線福岡（天神）駅→久留米駅，西鉄バス山鹿行き☎0942-33-2231 久留米バスセンター→小春
帰り▶堀川バス☎0943-23-2117 桐葉（1日3往復）→八女福島，西鉄バス福島→西鉄久留米バスセンター，西鉄電車久留米駅→福岡（天神）駅
■寄り道
大道谷の里☎0943-35-0760 料理は要予約
■現地問い合せ先
立花町役場☎0943-23-5141

35．**柳川**【柳川，羽犬塚】
■現地までの交通手段
行き▶西鉄電車天神大牟田線福岡（天神）駅→柳川駅
帰り▶西鉄電車柳川駅→福岡（天神）駅
■寄り道
菊水☎0944-72-2057
■現地問い合せ先
三橋町役場☎0944-72-7111，柳川市役所☎0944-73-8111，柳川市観光協会☎0944-73-2145

その他の問い合せ先
■交通機関
ＪＲ九州総合案内センター
　博多駅☎092-471-8111
　小倉駅☎093-551-7711
西鉄テレホンセンター
　福　岡☎092-733-3333
　北九州☎093-551-1181
　久留米☎0942-33-2231
　筑　豊☎0948-25-0445
福岡市営地下鉄テレホンセンター
　☎092-845-7800
■北部九州の観光ポイント
アクロス福岡文化観光情報ひろば
　☎092-725-9100
長崎県福岡事務所☎092-751-5218
佐賀情報センター☎092-733-2023
大分県福岡事務所☎092-721-0041
熊本県福岡事務所☎092-737-1313

小値賀町歴史民俗資料館☎0959-56-4155，寿し伝☎0959-56-2071
■現地問い合せ先
小値賀町役場商工観光係☎0959-56-3111，小値賀町観光協会☎0959-56-2646，丸まタクシー☎0959-56-2337

26．下関【下関】
■現地までの交通手段
行き▶ＪＲ鹿児島本線博多駅→門司港駅
途中▶関門連絡船唐戸→門司（1時間3本）
帰り▶ＪＲ門司港駅→博多駅
■寄り道
国際友好記念図書館☎093-331-5446，レストラン三井倶楽部☎093-332-1000，旧英国領事館☎0832-31-1238
■現地問い合せ先
北九州市観光協会☎093-321-4151，下関市役所☎0832-31-1111

27．諸富【佐賀南部，佐賀北部】
■現地までの交通手段
行き▶西鉄電車天神大牟田線福岡（天神）駅→柳川駅，西鉄バス佐賀行き☎0952-31-8385柳川駅前→諸富橋
帰り▶西鉄高速バス☎092-734-2727金立ＳＡ（30分に1本）→天神バスセンター
■寄り道
徐福長寿館☎0952-98-0696，丸山遺跡，薬用植物園
■現地問い合せ先
諸富町役場☎0952-47-2131，佐賀市役所都市計画課☎0952-24-3151

28．福智山【金田，徳力】
■現地までの交通手段
行き▶西鉄高速バス天神バスセンター→直方駅前，平成筑豊鉄道伊田線☎0947-22-1000直方駅→赤池駅，上野峡まで田川構内タクシー☎0947-28-2039
帰り▶直方交通バス☎0949-26-6120竜王峡→西鉄直方，西鉄高速バス西鉄直方→天神バスセンター
■寄り道
上野焼窯元
■現地問い合せ先
赤池町役場☎0947-28-2004，直方市役所☎09492-5-2000

29．室見川【福岡西部，福岡西南部】
■現地までの交通手段
行き▶市営地下鉄天神駅→室見駅
帰り▶西鉄バスＴＮＣ放送会館前→天神
■寄り道
福岡タワーから歩いた道のりを見下ろす
■現地問い合せ先
西区役所☎092-881-2131，早良区役所☎092-841-2131

30．曲淵【脊振山】
■現地までの交通手段
行き▶昭和バス☎092-641-6381天神（福岡天神センタービル北側）→野河内
帰り▶内野で早良街道に出れば天神方面へは昭和バス，西鉄バスともに運行
■寄り道
滝やま荘☎092-804-0123
■現地問い合せ先
早良区役所☎092-841-2131

31．天山【小城，古湯】
■現地までの交通手段
行き▶西鉄高速バス☎092-734-2727天神バスセンター→高速小城，天山上宮駐車場まで小城タクシー☎0952-73-2241
帰り▶昭和バス☎0952-24-5210古湯温泉前→惣座，西鉄高速バス佐賀大和ＩＣ→天神バスセンター

本線乗換→川棚温泉駅，サンデン交通バス☎0832-31-7133駅前→川棚温泉
帰り▶サンデン交通バス浜井場→川棚温泉駅前経由→川棚温泉(入浴)，川棚温泉→駅前，ＪＲ川棚温泉駅→小倉駅乗換→博多駅
■寄り道
川棚温泉銭湯ピースフル青竜泉☎0837-72-0047，烏山民俗資料館☎0837-72-1052，とんがりぼうし豊浦☎0837-74-3700
■現地問い合せ先
豊浦町役場企画振興課☎0837-72-0611，川棚温泉タクシー☎0832-72-0201

21．竹【英彦山，小石原】
■現地までの交通手段
行き▶ＪＲ久大本線博多駅→日田駅日田彦山線乗換→筑前岩屋駅
帰り▶ＪＲ彦山駅→夜明駅乗換→久留米駅鹿児島本線乗換→博多駅
■寄り道
眼鏡橋，棚田親水公園☎0946-72-2857，岩屋公園キャンプ場☎0946-72-2759
■現地問い合せ先
宝珠山村役場経済課☎0946-72-2311，添田町役場☎0947-82-1231

22．西千里と北千里【湯坪，久住山】
■現地までの交通手段
行き▶ＪＲ久大本線博多駅→豊後中村駅，日田バス☎09737-2-0528豊後中村駅前→牧ノ戸峠
帰り▶日田バスくじゅう登山口→豊後森駅前，ＪＲ久大本線豊後森駅(ゆふいんの森)→博多駅(行きと帰りで特急の停車駅，バスの連絡が異なるので乗り込み場所に注意)／くじゅう登山口から玖珠タクシー☎09737-6-2121，ＪＲ豊後中村駅(ゆふ)→博多駅
■寄り道
法華院温泉☎0947-77-2810
■現地問い合せ先
九重町役場☎09737-6-2111，久住町役場☎0974-76-1111

23．八丁越【甘木，大隈】
■現地までの交通手段
行き▶西鉄電車天神大牟田線福岡(天神)駅→朝倉街道駅，西鉄バス朝倉街道バスセンター→甘木バスセンター乗換→野鳥
帰り▶ＪＲ筑豊本線☎092-471-8151筑前内野駅→原田駅鹿児島本線乗換→博多駅
■寄り道
潭空庵☎0946-25-0506
■現地問い合せ先
甘木市役所☎0946-22-1111，嘉穂町役場☎0948-57-1212，筑穂町役場☎0948-72-1100，桂川タクシー☎0948-65-0024

24．糸島北岸【宮浦】
■現地までの交通手段
行き▶昭和バス☎092-641-6381天神(福岡天神センタービル北側)→西浦
帰り▶昭和バス芥屋→前原駅前，ＪＲ筑肥線＋市営地下鉄 前原駅→天神駅
■寄り道
遊牧民☎092-327-1408，アトリエ・エトルリア☎092-327-3221
■現地問い合せ先
西区役所☎092-881-2131，志摩町役場☎092-327-1111

25．小値賀島【小値賀島】
■現地までの交通手段
行き▶野母商船太古☎092-291-0510博多ふ頭→小値賀
帰り▶小値賀交通バス☎0959-56-2003斑→笛吹，野母商船小値賀→博多ふ頭
■寄り道

15．立石山【芥屋】
■現地までの交通手段
行き▶市営地下鉄＋ＪＲ筑肥線 天神駅→前原駅，昭和バス☎092-322-2561前原駅前→芥屋（1時間に1本程度）
帰り▶昭和バス芥屋→前原駅前，ＪＲ筑肥線＋市営地下鉄 前原駅→天神駅
■寄り道
芥屋大門
■現地問い合せ先
志摩町役場☎092-327-1111

16．英彦山【英彦山】
■現地までの交通手段
行き▶ＪＲ篠栗線博多駅→新飯塚駅後藤寺線乗換→田川後藤寺駅日田彦山線乗換→彦山駅，添田交通バス☎0947-82-0038彦山駅前→豊前坊
帰り▶添田交通バス神宮下→彦山駅前，ＪＲ日田彦山線彦山駅→田川後藤寺駅乗換→新飯塚駅乗換→博多駅
■寄り道
英彦山修験道館☎0947-85-0378，銅の鳥居，アドベンチャセンター森の家☎0947-85-0211
■現地問い合せ先
添田町役場地場産業課☎0947-82-1231

17．頭ヶ島【立串，有川，友住，頭ヶ島】
■現地までの交通手段
行き▶野母商船太古☎092-291-0510博多ふ頭→青方
島内▶西肥バス☎0959-52-2015大曽→青方乗換→青砂浦教会前，青砂浦別道→上五島高校前，蛤→頭ヶ島，友住→有川ターミナル
帰り▶五島産業汽船高速旅客船ありかわ☎0959-42-3447有川→佐世保，港からバスセンターまで徒歩20分，高速バス予約センター☎0956-25-8900佐世保バスセンター→天神バスセンター
■寄り道
竹酔亭☎0959-42-0650
■現地問い合せ先
上五島町役場☎0959-52-2001，新魚目町役場☎0959-54-1111，有川町役場☎0959-42-1111

18．ミルクロード【坊中，鞍岳，立野】
■現地までの交通手段
行き▶ＪＲ鹿児島本線博多駅（なは）→熊本駅豊肥本線乗換→内牧駅，九州産業交通バス☎0967-34-0211内牧駅前→内牧ショッピングセンター前
帰り▶ＪＲ豊肥本線赤水駅→熊本駅鹿児島本線乗換→博多駅
■寄り道
内牧温泉，大観峰，赤水温泉
■現地問い合せ先
阿蘇町役場☎0967-32-1111

19．葛籠【千足】
■現地までの交通手段
行き▶ＪＲ鹿児島本線博多駅→久留米駅久大本線乗換→うきは駅，両筑交通バス☎0946-62-2445浮羽発着所→三寺払
帰り▶両筑交通バス栗木野→浮羽発着所，ＪＲうきは駅→久留米駅乗換→博多駅
■寄り道
四季の舎ながいわ☎09437-7-6464，平川家住宅，日森園山荘（交流型宿泊施設）☎09437-7-7227
■現地問い合せ先
浮羽町役場☎09437-7-2111

20．豊浦【川棚温泉，小串】
■現地までの交通手段
行き▶ＪＲ鹿児島本線博多駅→小倉駅山陰

■寄り道
お茶の里記念館☎0943-42-4305，茶の文化館☎0943-52-3003，池の山荘☎0943-52-2082
■現地問い合せ先
黒木町役場☎0943-42-1111，星野村役場☎0943-52-3111，星野タクシー☎0943-52-2072

10．宇久島【小値賀島】
■現地までの交通手段
行き▶野母商船五島行き太古☎092-291-0510 博多ふ頭→宇久島平
帰り▶野母商船宇久島平→博多ふ頭
■寄り道
城ヶ岳展望所，火焚崎
■現地問い合せ先
宇久町商工観光課☎0959-57-3009，宇久観光バスおよびタクシー☎0959-57-2132

11．花牟礼山【湯坪，大船山，湯平】
■現地までの交通手段
行き▶西鉄バス天神バスセンター→朝日台
帰り▶亀の井バス☎0977-23-0141 または大分交通バス☎097-532-7000 温泉場→湯平駅前，ＪＲ久大本線湯平駅→博多駅
■寄り道
湯平温泉共同浴場
■現地問い合せ先
九重町役場☎09737-6-2111，庄内町役場☎0975-82-1111，湯布院町役場☎0977-84-3111，湯平観光案内☎0977-86-2367

12．由布川峡谷【小野屋，大分】
■現地までの交通手段
行き▶ＪＲ新幹線博多駅→小倉駅日豊本線乗換→別府駅，亀の井バス☎0977-23-0141 別府駅前→椿(日祝はこのバスはないので別府から椿までタクシー)
帰り▶ＪＲ久大本線向之原駅→大分駅日豊本線乗換→博多駅
■寄り道
町営陣屋の村☎0975-83-3007
■現地問い合せ先
別府市役所☎0977-21-1111，挾間町役場☎0975-83-1111

13．脊振南麓【脊振山，広滝】
■現地までの交通手段
月～土の行き▶昭和バス☎092-641-6381 天神(福岡天神センタービル北側)→野河内，宿まで三瀬観光タクシー☎0952-56-2056
帰り▶昭和バス☎0952-24-5210 伊福→神埼駅前，ＪＲ長崎本線☎0952-24-7110 神埼駅→佐賀駅特急乗換→博多駅
日祭の行き▶昭和バスどんぐり村行き天神→三瀬宿
帰り▶広滝まで三瀬観光タクシー（伊福に公衆電話あり），昭和バス広滝→神埼駅前
■寄り道
ふるさとロッジかじか☎0952-59-2025
■現地問い合せ先
三瀬村役場☎0952-56-2111，脊振村役場☎0952-59-2111

14．豊前【椎田，下河内】
■現地までの交通手段
行き▶ＪＲ日豊本線博多駅→宇島駅，二豊交通バス☎0979-22-4321 八屋→畑冷泉
帰り▶二豊交通バス千手観音堂前→八屋，ＪＲ宇島駅→博多駅
■寄り道
畑冷泉遊の里☎0979-82-4101，卜仙の郷☎0979-84-5000
■現地問い合せ先
豊前市役所産業振興課☎0979-82-1111，豊前市観光文化協会☎0979-83-2333

トシート）→熊本駅，産交バス☎096-354-5451熊本駅前交通センター→笹倉
帰り▶産交バス☎096-355-2525瀬ノ本（山愛レストラン横）→熊本駅前，ＪＲ熊本駅→博多駅
■寄り道
御湯船温泉館やすらぎ☎0967-25-2654，うぶやま牧場☎0967-25-2900（特製のヨーグルトがおいしい）
■現地問い合せ先
産山村企画観光課☎0967-25-2211，久住町役場☎0974-76-1111，南小国町役場☎0967-42-1111

6．山国渓谷【英彦山，耶馬渓西部，裏耶馬渓】
■現地までの交通手段
行き▶ＪＲ篠栗線博多駅→新飯塚駅後藤寺線乗換→田川後藤寺駅日田彦山線乗換→彦山駅／ＪＲ鹿児島本線博多駅→小倉駅日田彦山線乗換→彦山駅，添田交通バス☎0947-82-0038彦山駅前→豊前坊
帰り▶大分交通バス☎097-534-7455守実→日田駅前，ＪＲ久大本線日田駅→久留米駅鹿児島本線乗換→博多駅
■寄り道
神尾家住宅，守実温泉町営憩い荘☎0979-62-2186
■現地問い合せ先
山国町役場☎0979-62-3111，山国タクシー☎0979-62-3131

7．島原街道【多比良，島原】
■現地までの交通手段
行き▶西鉄電車天神大牟田線福岡（天神）駅→大牟田駅，ＪＲ鹿児島本線大牟田駅→長洲駅，タクシーで長洲港，有明フェリー☎0968-78-0131長洲港→多比良港
途中▶島原鉄道☎0957-62-2231大三東駅→島原駅
帰り▶島原鉄道高速船☎0957-64-1515島原外港→三池港，西鉄バス三池港→大牟田駅前，西鉄電車大牟田駅→福岡（天神）駅
■寄り道
武家屋敷
■現地問い合せ先
国見町役場企画情報課☎0957-78-2111，有明町役場産業課☎0957-68-1111，島原市商工観光課☎0957-63-1111

8．大浦【高串、今福】
■現地までの交通手段
行き▶市営地下鉄＋ＪＲ筑肥線 天神駅→唐津駅、昭和バス☎0955-74-1121唐津バスセンター→比恵田（フリーゾーンなので永田溶接鉄工横で降りる）
帰り▶昭和バス万賀里川（少し遠回りになるが中浦経由に乗ってイロハ島の夕景を眺めるのもいい）→唐津バスセンター，ＪＲ筑肥線＋市営地下鉄 唐津駅→天神駅
■寄り道
国民宿舎いろは島☎0955-53-2111，高串温泉肥前町福祉センター☎0955-54-0282
■現地問い合せ先
肥前町役場☎0955-54-1111

9．笠原【黒木，十籠】
■現地までの交通手段
行き▶西鉄高速バス熊本行き天神バスセンター→八女ＩＣ，堀川バス☎0943-23-6128八女インター前（高速道路の階段を下りて高速道路に沿って南へ，442号線に出たら右に曲ってガードをくぐるとバス停）→黒木，鰐八まで八女相互タクシー☎0943-42-0043
帰り▶堀川バス池の山前→八女福島，西鉄バス福島→西鉄久留米駅前，西鉄電車天神大牟田線久留米駅→福岡（天神）駅

補足データ

1 【　】で囲んだ地名は国土地理院２万5000分の１の地図の索引名
2 遠足の起点は天神大牟田線福岡(天神)駅，ＪＲ博多駅，天神のバス乗り場，福岡市営地下鉄天神駅，博多ふ頭の５か所
3 「現地問い合せ先」は道を尋ねたい時は役場へ，観光ポイントを知りたい時は観光協会へ

1．北九十九島【肥前川内，楠泊】
■現地までの交通手段
行き▶ＪＲ長崎本線＋佐世保線博多駅(あかつき)→佐世保駅，西肥バス楠泊経由江迎行き☎0956-23-2121佐世保駅前→長串山つつじ公園(1時間１本)
帰り▶西肥バス神崎入口→佐世保駅前，ＪＲ佐世保駅→博多駅
■寄り道
国民宿舎歌ヶ浦☎0956-77-5133，長串山公園管理事務所☎0956-77-4111
■現地問い合せ先
鹿町町役場☎0956-77-5111，小佐々町役場☎0956-41-3111，小佐々町観光協会☎0956-69-2562(日本本土最西端訪問証明書発行)，小佐々タクシー☎0956-69-2552

2．俵山【立野，大矢野原，肥後吉田，阿蘇山】
■現地までの交通手段
行き▶ＪＲ鹿児島本線博多駅→熊本駅，ＪＲ豊肥本線熊本駅→肥後大津駅，俵山交流館まで石崎タクシー☎096-293-8181
帰り▶南阿蘇鉄道高森線☎09676-2-1219長陽駅→立野駅，ＪＲ豊肥本線立野駅→熊本駅鹿児島本線乗換→博多駅
■寄り道
毎年４月29日に西原村主催で俵山登山を企画。俵山交流館萌の里☎096-292-2211，俵山温泉泉力の湯☎096-279-3752，久木野温泉木の香湯☎09676-7-2332，山水苑(地鳥料理)☎09676-7-2462
■現地問い合せ先
西原村役場企画振興課☎096-279-3111，久木野村役場企画観光課☎09676-7-2111

3．筑後川下流【鳥栖，田主丸，久留米】
■現地までの交通手段
行き▶西鉄電車天神大牟田線福岡(天神)駅→久留米駅甘木線乗換→金島駅
帰り▶ＪＲ鹿児島本線久留米駅→博多駅
■寄り道
片ノ瀬温泉，久留米城跡，梅林寺，水天宮
■現地問い合せ先
北野町役場☎0942-78-3551，田主丸町役場☎09437-2-2111，久留米市役所☎0942-30-9000，久留米市観光コンベンション協会☎0942-31-1717，久留米百年公園サイクリングセンター☎0942-38-0486

4．能古島【福岡西部】
■現地までの交通手段
行き▶西鉄バス都市高速経由能古渡船場行き301天神三越前→能古渡船場(旧岩田屋新館前から明治通りを通るバスもある)，市営フェリー☎092-881-8709能古渡船場→能古島
帰り▶行きの逆
■現地問い合せ先
西区役所☎092-881-2131

5．産山【坂梨，久住山】
■現地までの交通手段
行き▶ＪＲ鹿児島本線博多駅(なはレガー

歩きつぶし白地図

自分が歩いた遠足コースを次々にぬりつぶしてみませんか。全70コースあります。

★印は『おとなの遠足』で、無印は本書で紹介したコースです。

ちょっと遠《とお》くへおとなの遠足《えんそく》

■

2001年3月3日　第1刷発行

■

著者　竜田清子《たつたきよこ》・勝瀬志保《かつせしほ》

発行者　西　俊明

発行所　有限会社海鳥社

〒810-0074　福岡市中央区大手門3丁目6番13号

電話092(771)0132　FAX092(771)2546

http//www.kaichosha-f.co.jp

印刷・製本　有限会社九州コンピュータ印刷

ISBN4-87415-338-0

[定価は表紙カバーに表示]